BESSER IN DEUTSCH

Sachtexte analysieren
Oberstufe

von Wilfried Klute

Fit für Klausuren und das Abitur! Parallel zu diesem Buch gibt es bei uns den Band „Besser in allen Fächern. Sachtexte verstehen und verfassen" (ISBN 3-589-21085-0). Er bietet abwechslungsreiches Übungsmaterial und wichtige Erklärungen zu Sachtexten in Erdkunde, Geschichte, Biologie, Sozialkunde, Politik, Philosophie, Religion, Kunst.

Gedruckt auf chlorfrei gebleichtem Papier
ohne Dioxinbelastung der Gewässer.

Die Deutsche Bibliothek – CIP-Einheitsaufnahme

Besser in Deutsch. – Berlin: Cornelsen Scriptor.
(Lernhilfen von Cornelsen Scriptor)
Früher Verl.-Ort Frankfurt am Main
Sachtexte analysieren: Oberstufe/von Wilfried Klute. – 1996
ISBN 3-589-20956-9

| 5. | 4. | 3. | 2. | 1. | Die letzten Ziffern bezeichnen |
| 2000 | 99 | 98 | 97 | 96 | Zahl und Jahr des Drucks. |

© 1996 Cornelsen Verlag Scriptor GmbH & Co. KG, Berlin
Das Werk und seine Teile sind urheberrechtlich geschützt. Jede Verwertung in anderen als den gesetzlich zugelassenen Fällen bedarf der vorherigen schriftlichen Einwilligung des Verlags.
Redaktion: Heike Friauf, Frankfurt am Main
Herstellung: Brigitte Bredow, Berlin
Umschlaggestaltung: Studio Lochmann, Frankfurt am Main,
unter Verwendung eines Fotos von Peter Wirtz, Dormagen
Illustrationen: Stefan Matlik, Essenheim: S. 7, 8, 10, 11, 14, 22, 30, 35, 41, 51, 58, 66, 72 und 88;
Klaus Puth, 63165 Mühlheim: S. 28, 39, 78 und 81.
Fotos: Heidi Mayer, München: S. 52; AKG, Berlin: S. 55.
Satz: Utesch Satztechnik GmbH, Hamburg
Druck und Bindearbeiten: Druckerei Gutmann GmbH, Talheim
Printed in Germany
ISBN 3-589-20956-9
Bestellnummer 209569

Inhalt

Einladung	5
A Annäherung	7
1. Texte im Alltag	7
2. Was haben Texte mit Textilien zu tun?	9
3. Ansichten des Textes: Inhalt – Struktur – Sprache – Funktion	11
B Übung	13
1. Was heißt „einen Text analysieren"?	13
2. Arbeitstechniken für den ersten Zugriff auf Texte	16
3. Den Inhalt erfassen	20
4. Die Struktur durchschauen	24
5. Den Sprachgebrauch beobachten	31
Die sprachlichen Mittel	31
Gruppensprache	34
Fachsprache	36
Rhetorik	39
Werbesprache	41
6. Textfunktion und Textsorte bestimmen	44
7. Was „zwischen den Zeilen" steht	54
8. Interessant: Textvergleiche	57
C Anwendung	60
1. Textanalyse als Klausuraufgabe	60
Die Aufgabe erfassen	60
Die Arbeit gliedern	61
Eine Einleitung verfassen	62
Schreibhaltung und Sprachverwendung	63
Tips für den Arbeitsablauf	64
Beispiele aus der Klausurpraxis	65
2. Ein Blick auf die Abiturprüfung	69
Die Anforderungen	69
Aufgabenbeispiele	70
D Übersichten	76
1. Fragen an Texte	76
2. Fachbegriffe als Handwerkszeug	79
Allgemeine Begriffe zur Sprach- und Textuntersuchung	79
Stilistisch-rhetorische Mittel	80

Test	88
3. Die wichtigsten Textsorten	89
Test	94
Stichwort-Register	95

Quellenangaben

S. 13: „Das Wetter: Mild" aus: Hannoversche Allgemeine Zeitung, 11.11.95. **S. 14:** Angaben zu „Analyse" aus: a) Duden, Bd. 5: Fremdwörterbuch, Bibliographisches Institut, Mannheim, Wien und Zürich 1990, b) Gerhard Wahrig, Deutsches Wörterbuch, Bertelsmann Lexikonverlag, Gütersloh 1968, c) Von A–Z in einem Griff. Schneiders Lexikon mit Pfiff, Franz Schneider Verlag, München 1968. **S. 15/16:** „Roman" aus: dtv junior Literatur-Lexikon, Deutscher Taschenbuch Verlag, München 1986, S. 66 f. **S. 19/20:** Ernst Leisi, „Englische und deutsche Wortinhalte". Aus: Wirkendes Wort 3/1962 (Pädagogischer Verlag Schwann, Düsseldorf), S. 140 f. **S. 22:** Ausschnitt aus: Peter Handke, Ich bin ein Bewohner des Elfenbeinturms. Aus: ders., Prosa, Gedichte, Theaterstücke, Hörspiele, Aufsätze, Suhrkamp Verlag, Frankfurt am Main 1969, S. 263. **S. 23:** Rezension aus: Der Spiegel 47/1995 vom 20.11.95, S. 96. **S. 24:** Angaben zu „Struktur" aus: Duden, Bd. 5: Fremdwörterbuch, Bibliographisches Institut, Mannheim, Wien und Zürich 1982, S. 25 (leicht verändert). **S. 25:** „Wie arbeitet eine Solaranlage?" aus: Schaumburger Zeitung, 23. 1. 79. **S. 29:** „Einzelarbeit oder Gruppenarbeit" aus: abi. Berufswahlmagazin, Heft 9/1980, S. 18. **S. 31:** Text A aus: Fritz Achilles u. a., Neue Geographie 5/6, Verlag Bagel, Düsseldorf 1971, S. 154; Text B aus: Adalbert Stifter, Brigitta, zit. n. Reclam UB 3911, Stuttgart 1959, S. 5. **S. 33:** „Fit wie ein Staat" aus: Hannoversche Allgemeine Zeitung, 17. 11. 95. **S. 34:** „Irgendwann …" aus: Andrea und Isabell: „Manta-Frau und glücklich – glaubst du, daß das geht?", aus: Kursbuch 54, Rotbuch-Verlag, Berlin 1978, S. 58. **S. 36:** „Preussag …" aus: Hannoversche Allgemeine Zeitung, 29. 11. 95. **S. 37:** Text A aus einem Werbeprospekt; Text B aus: J. Flocken, H. Walkling, E. Burmester, Lehrbuch für Tischler. Teil 1, Schroedel Verlag, Hannover 1976; Text C aus: Schule und Ausbildung in Niedersachsen Nr. 2/1973. **S. 41:** „Es ist nicht Gold…" nach einer Anzeige. **S. 44/45/46:** Text A aus: Brockhaus Enzyklopädie, Bd. 11, Verlag F. A. Brockhaus, Wiesbaden (leicht verkürzt); Text B aus: Die Zeit Nr. 41, 6. 10. 95; Text C aus: Heinrich Böll, Das Brot der frühen Jahre, Ullstein Taschenbuch Verlag (TB 239), Berlin o. J.; Text D aus: Lippische Landeszeitung, 22. 2. 73; Text E aus: Conrad Ferdinand Meyer, Sämtliche Werke, hg. von H. Zeller und A. Zäch, Verlag Benteli, Bern 1963; Text F aus: José Ortega y Gasset, Wesenszüge der Liebe, zit. n. Otto Polemann/Lutz Rössner, Wege zum Eros, M. Diesterweg Verlag, Frankfurt am Main (2. Aufl.) 1970, S. 64. **S. 47:** Bestseller-Liste aus: Der Spiegel Nr. 11, 11. 3. 96. **S. 51/52/53:** Text A aus: Der Spiegel Nr. 40, 2. 10. 95; Text B aus: Hannoversche Allgemeine Zeitung, 10.10. 95; Text C aus: Archibald Quartier, Bestimmungsbuch Bäume und Sträucher, BLV, München 1974, S. 11 f.; Text D: Schülerarbeit; Text E aus: Daniel Alexander Schacht, Abitur – Ende der Schonzeit, aus: Hannoversche Allgemeine Zeitung, 24. 8. 95; Text F aus: Norman Mailer, Die kranke Stadt, aus: Merian, Heft „New York", Verlag Hoffmann und Campe, Hamburg 1970. **S. 54/55:** Zeitungsmeldung vom Autor; „Gruß an die Männer vom Bau" aus: Der Schweizer Arbeiter. Offizielles Organ des Landesverbandes freier Schweizer Arbeiter, 50. Jahrgang, Nr. 6, 21. 3. 68. **S. 56:** Anzeige der Deutschen Kunststoff-Industrie, 1995. **S. 57:** Text A aus: Der große Brockhaus, Verlag F. A. Brockhaus, Wiesbaden1954 (leicht verkürzt); Text B aus: Jeremias Gotthelf, Uli der Pächter, Diogenes Verlag (Diogenes TB 20562), Zürich 1978. **S. 58:** Text A aus: Erhart Kästner, Zeltbuch von Tumilad, S. Fischer Verlag (Fischer TB 139), Frankfurt am Main 1956, S. 16 f.; Text B aus: Gerhard Mostler, Die Erde. Erdkundliches Lehrbuch zum Diercke Weltatlas, Verlag Westermann, Braunschweig 1964, S. 168 f. **S. 59:** Text A und B aus: Goethe erzählt sein Leben, S. Fischer Verlag (Fischer-Bücherei Nr. 136), Frankfurt am Main 1956, Text A S. 100 f., Text B S. 101. **S. 65:** Text aus: Schaumburger Zeitung, 23. 5. 79. **S. 66:** Text nach einer Anzeige des Deutschen Kinderschutzbundes von 1977. **S. 67:** „Sprechblasen-Deutsch" aus: Frankfurter Allgemeine Zeitung, 28. 3. 81. **S. 67/68:** „Alt und jung zusammen" aus: Ruth Dirx, Alt und jung zusammen. In: Ursula Schulz (Hg.), Die abgeschobene Generation, Jugenddienst Verlag, Wuppertal 1972, S. 81 f. **S. 69/70:** Ausschnitte aus den Einheitlichen Prüfungsanforderungen in der Abiturprüfung (EPA) – Deutsch. Beschluß der Kultusministerkonferenz vom 1. Dezember 1989, Luchterhand Verlag, Neuwied 1992. **S. 70/71:** Ausschnitt aus: Jakob Michael Reinhold Lenz, Handeln ist die Seele der Welt. Gesammelte Schriften, hg. von E. Lewy, Bd. 4, Verlag Cassirer, Berlin 1909, S. 301 f. **S. 72:** Zeitungsausschnitte aus: BILD, 16. 2. 91. **S. 73:** Zeitungsartikel aus: Hannoversche Allgemeine Zeitung, 14./15. 12. 91. **S. 73/74:** Rede John F. Kennedys zit. n.: Hermann Schlüter, Grundkurs der Rhetorik, Deutscher Taschenbuch-Verlag (dtv Wissenschaftliche Reihe), München (2. Aufl.) 1975, S. 269 f.

Einladung

Sie fühlen sich nicht immer sattelfest, wenn Sie einen Sachtext analysieren? Es macht Ihnen manchmal Mühe, den Inhalt zusammenzufassen oder die Textstruktur zu durchschauen? Sie möchten gern noch mehr entdecken, wenn Sie die Sprache untersuchen? Die Absicht des Autors zu erkennen kommt Ihnen zuweilen wie ein Ratespiel vor? Dann haben Sie natürlich den Wunsch, Ihre Kenntnisse zu vertiefen und mehr Übung zu bekommen, um die Arbeitstechnik „Sachtexte analysieren" besser zu beherrschen.

Dieses Buch hilft Ihnen, das Analysieren von Sachtexten in den Griff zu kriegen. Wozu muß man überhaupt Sachtexte analysieren, warum beschäftigt sich der Deutschunterricht damit? Letztlich geht es darum, Texte besser zu verstehen. Aber Texte können Widerstand leisten. Deshalb muß man methodisch vorgehen, Schritt für Schritt. Man braucht einiges Wissen, man braucht den Durchblick, und man braucht Übung. Genau das kann Ihnen diese Lernhilfe vermitteln. Ich lade Sie ein, sich der Hilfe zu bedienen. Die abwechslungsreiche Gestaltung und die aus dem sprachlichen Alltag genommenen Texte sorgen dafür, daß es nicht langweilig wird.

 Sie haben mehrere Möglichkeiten, das Buch zu nutzen:

- Am sichersten ist es, den Weg zu gehen, den das Buch vorgibt – vom Start bis zum Ende.

- Vielleicht benötigen Sie eine Hilfestellung nur bei Einzelfragen; dann können Sie sich die betreffenden Kapitel herauspicken und z. B. üben, Texte zu markieren, den Sprachgebrauch zu untersuchen oder Textsorten zu unterscheiden.

- Vor einer Klausur lohnt sich ein Blick in Kapitel C 1.

- Sie können das Buch auch immer wieder als Nachschlagewerk benutzen: Was ist ein Wortspiel? Wann spricht man von einer Anapher? Wie sieht eine Rezension aus? Woran erkenne ich eine Glosse?

- Das Buch bietet Ihnen Grundlagenwissen, das über die Sachtextanalyse hinaus nützlich ist, z. B. über die Grundfunktionen der Sprache, über Fachsprache oder über Werbung.

- Auch beim Verfassen eigener Texte wird Ihnen dieses Buch hilfreich sein: nämlich bei der Gliederung, bei der Argumentation und beim Anfertigen einer Einleitung.

Wenn Sie nun mit dem Buch zu arbeiten beginnen, legen Sie sich eine Mappe an, in der Sie alle Notizen und Ausarbeitungen sammeln, natürlich mit einem Inhaltsverzeichnis. Das Sprichwort sagt: Wer schreibt, der bleibt.

Wie ein guter Trainer die Leistungen im Sport verbessert, werden Sie mit dieser Lernhilfe besser in Deutsch – davon bin ich überzeugt. Sie werden Sicherheit gewinnen für die Analyse von Sachtexten und allgemein für den Umgang mit Texten jeder Art.

Wilfried Klute

A Annäherung

1. Texte im Alltag

Solche und viele andere Graffiti haben Sie sicher an Wänden, Mauern und Brücken schon oft gelesen.

1 Wer könnte die Texte jeweils verfaßt haben? An wen sind sie gerichtet? Was wollen die Schreiber erreichen? Warum haben sie diese Form der Veröffentlichung gewählt?

2 Notieren Sie einmal, mit welchen Texten (auch Büchern) Sie es im Laufe einer Woche in der Schule zu tun haben, an jedem Schultag und in allen Fächern.

3 Notieren Sie auch, was für Texte Ihnen im Laufe einer Woche außerhalb der Schule vor Augen kommen.

Ob zu Hause oder auf der Straße, ob in Geschäften oder öffentlichen Gebäuden, ob in der Schule, im Beruf oder im Privatleben – wir sind von Texten umgeben. Was Menschen denken und wahrnehmen, erfahren und empfinden, entwerfen und erstreben, schlägt sich in Texten nieder. Texte greifen nach uns, und wir greifen nach Texten. Texte können unterhalten und unterrichten, überreden und überzeugen, erhellen und verschleiern.
Welchen Gebrauch wir von Texten machen, wie wir aber auch in der Lage sind, uns gegen Beeinflussung durch Texte zu schützen, das hängt von der Fähigkeit ab, Texte zu verstehen und zu durchschauen. Dazu verhilft uns die Analyse, bei der wir die textbildenden Elemente und Faktoren systematisch untersuchen. Dies ist eine Aufgabe des Deutschunterrichts. Die Arbeit mit dieser Lernhilfe vermittelt dazu Anregungen, Einsichten und Techniken, die den Lernerfolg verbessern helfen. Mit der Analyse von dichterischen, fiktionalen Texten befaßt sich dieses Buch nicht, deshalb heißt es im Titel: Sachtexte analysieren.

2. Was haben Texte mit Textilien zu tun?

Textilien sind etwas Gewebtes. Viele Fäden, dicke und dünne, glatte und rauhe, aus Wolle, Baumwolle, Kunstfasern, in unzähligen Farben, sind dicht oder locker miteinander verbunden und bilden alle möglichen Muster – ein Gebilde, dessen Bestandteile auf vielfältige Weise verknüpft sind. Bei den Römern, in der lateinischen Sprache, hieß das Gewebe **textus**. Dieses Substantiv gehört zu **texere**, was „weben, flechten, fügen, kunstvoll zusammenfügen" bedeutet.

4 Was hat Menschen wohl bewogen, den Begriff **textus** auf jene sprachlichen Gebilde zu übertragen, die wir nun **Text** nennen?

5 Suchen Sie in den folgenden Sätzen Verknüpfungen. Ausgangspunkt sind die beiden unverbundenen Sätze. Welche Wörter dienen der Verknüpfung? Wie verändert die Verknüpfung die ursprüngliche Aussage?

◉ Es regnet. Die Straße wird naß.

① Es regnet; deshalb wird die Straße naß.

② Die Straße wird naß, weil es regnet.

③ Es regnet, so daß die Straße naß wird.

④ Während es regnet, wird die Straße naß.

Ein **Text** ist ein sprachliches Gebilde aus einer Folge von Sätzen, die inhaltlich und formal zusammengehören. Die Teile des Textes sind in der Regel durch Verbindungs- und Verweisungswörter verknüpft und ergeben eine Einheit. Manchmal fehlt ein formales Verknüpfungsmittel; aber die Verbindung im Inhalt besteht immer. Die Verflechtung aller Sätze und Teilaussagen zu einer widerspruchsfreien Gesamtaussage nennt man **Kohärenz**. Fehlt die Kohärenz, so treten Gedankensprünge auf.
Daß ein Text als ein Geflecht angesehen wird, klingt in Formulierungen wie diesen an:
„Er flocht gern ein paar Zitate in seine Reden ein."
„An dieser Stelle möchte ich einflechten, daß …"

6 Daß jeder Text etwas Verknüpftes wie ein Gewebe oder ein Geflecht ist, können Sie an dem folgenden Beispiel gut erkennen. Unterstreichen Sie die Wörter, die die Verbindungen zwischen den Sätzen herstellen.

Der Rechner ist ein Kasten, den es flach liegend, aber auch aufrechtstehend als Tower gibt. Darin befindet sich das Zentralgehirn des PC: die Hauptplatine, die auch „Motherboard" genannt wird. Auf dieser etwa DIN-A4 großen Platte sind alle Chips und sonstigen Bausteine aufgelötet, die der PC braucht. Auch der sogenannte Hauptprozessor befindet sich dort. Dieser ist – wie der Motor eines Autos – das Herzstück des Rechners. Seine Leistungsstärke und Geschwindigkeit sind an erster Stelle für die Stärke des Computers ausschlaggebend. Auch die Zusatzsteckkarten werden in dieser Zentraleinheit untergebracht. Und wie der Name schon sagt: Alle Peripheriegeräte werden über Kabel zentral gesteuert.

3. Ansichten des Textes: Inhalt – Struktur – Sprache – Funktion

In einer langweiligen Unterrichtsstunde schickt Tobias diese „Message", ganz klein gefaltet, an seinen Freund Michael. Dieser versteht den Text und damit Tobias' **Absicht**, denn er weiß, daß sich hinter dem „Juze" das Jugendzentrum verbirgt, hinter Leo Leonie und hinter Tobi Tobias. Die von Tobias verwendete **Sprache**, auch das „Hallo" am Anfang und das Fehlen eines Prädikats im ersten Satz, ist Michael geläufig. Er weiß außerdem, warum Tobias den Satz „Leo kommt auch" eingefügt hat (na ja, wir ahnen es). Der **Inhalt** des Textes besteht aus einer **Gedankenfolge:** erst eine Anrede, dann eine Frage, die eigentlich eine Bitte ist, dann eine Aussage, ferner eine Aufforderung, schließlich die Absenderangabe. Inhaltlich hängt alles zusammen, bildet ein Ganzes. Der Text hat, so kurz er auch ist, vier „Ansichten", das heißt, man kann ihn betrachten im Hinblick auf

→ den Inhalt,

→ die Struktur, den Aufbau,

→ die Sprache,

→ die Funktion.

Aber das sind nur „Ansichten", Perspektiven, die wir unterscheiden können, wenn wir über Texte sprechen oder schreiben. In Wirklichkeit hängen alle diese Merkmale zusammen:
- den Inhalt gibt es nicht ohne die Sprache;
- die Mitteilung ist in einer bestimmten, dem Schreiber oder der Schreiberin sinnvoll erscheinenden Reihenfolge angeordnet, sie besitzt eine Struktur, die der Textfunktion gerecht wird;
- die Besonderheiten der Sprachverwendung ergeben sich aus dem Verhältnis zwischen Schreiber und Adressat, aus der Absicht des Schreibers und aus der Schreibsituation;
- der Text hat eine bestimmte Funktion, die aus der Schreibabsicht hervorgeht, aber auch davon abhängt, wie der Leser oder die Leserin die Nachricht aufnehmen könnte.

Mit den Übungen des folgenden Teils B können Sie gezielt trainieren, den Inhalt, die Struktur, die Sprache und die Funktion von Texten herauszuarbeiten.

B Übung

1. Was heißt „einen Text analysieren"?

Das WETTER: Mild

Ein Tief erstreckt sich über dem Nordostatlantik bis zu den Britischen Inseln. Auf seiner Vorderseite wird recht milde Luft herangeführt.
Vorhersage des Deutschen Wetterdienstes: Nach Auflösung von Nebelfeldern wolkig mit Aufheiterungen. Tageshöchsttemperaturen um 11 Grad. Tiefstwerte nachts um 7 Grad. Schwache bis mäßige südöstliche Winde. Weitere Aussichten für Sonntag und Montag: Weiterhin mild und veränderlich bewölkt. Am Montag von Südwesten her zeitweise Regen.

Wenn wir diesen Text lesen, nehmen wir bestimmte Informationen auf, beobachten einige sprachliche Besonderheiten, durchschauen die Abfolge der Darstellungsschritte und erkennen den Sinn eines solchen Textes.

1 Schreiben Sie anhand der folgenden Fragen doch einmal in Stichworten auf, wie Sie den Text verstehen.

① Was bringt die Überschrift?
② Was sagt der Text über die momentane Wetterlage, also über die Ursachen des im Moment herrschenden Wetters?
③ Welcher Wetterablauf wird vorhergesagt?
④ Welche Wörter sind typisch für solche Texte? Warum verwendet man sie?
⑤ An welchen Stellen weicht der Satzbau von der Standardsprache ab? Wie ist das begründet?
⑥ Was für eine Haltung nimmt der Verfasser zu dem von ihm behandelten Sachverhalt ein?
⑦ Wodurch unterscheiden sich inhaltlich die beiden Absätze?
⑧ In welche Teile kann man den zweiten Absatz gliedern?
⑨ An was für eine Lesergruppe wendet sich der Text?
⑩ Was kann ein Leser damit anfangen?
⑪ Wie nennt man diese Art von Texten?

Sie haben den Text nun nicht nur einfach gelesen, sondern ganz bewußt seine Bestandteile und Merkmale beachtet und – wenn auch zunächst in Stichworten – beschrieben. Sie haben den Text **analysiert.** Wenn Sie Ihr Ergebnis noch geordnet und klar ausführten, ergäbe das eine richtige **Textanalyse.**

Übrigens orientieren sich die elf Fragen an den „Ansichten" aus dem vorigen Kapitel.

2 Ordnen Sie zu.

Die Fragen _____ richten sich auf den Inhalt.

Die Fragen _____ richten sich auf die Textstruktur.

Die Fragen _____ richten sich auf die Sprachverwendung.

Die Fragen _____ richten sich auf die Textfunktion.

Was man in Lexika über den Begriff „Analyse" findet, zeigen diese drei Beispiele:

Analyse [gr.-mlat.; „Auflösung"] die; –, –n: 1. systematische Untersuchung eines Gegenstandes od. Sachverhalts hinsichtlich aller einzelnen Komponenten od. Faktoren, die ihn bestimmen; Ggs. ↑ Synthese (1). 2. Ermittlung der Einzelbestandteile von zusammengesetzten Stoffen od. Stoffgemischen mit chem. od. physikal. Methoden (Chem.).

Analyse, die; –, –n [mlat. analysis < griech. análysis = Auflösung, Zergliederung]: 1. (bildungsspr.) *Untersuchung, bei der etw. zergliedert, ein Ganzes in seine Bestandteile zerlegt wird:* eine wissenschaftliche, sorgfältige A.; die A. der Marktlage; eine A. machen, vornehmen, durchführen. […]

analysieren heißt herausfinden, wieviel und welche Sachen in einer Mischung enthalten sind. Die Mutter hat einen herrlichen Kuchen gebacken. Susi sagt: „Da ist Mehl drin, Zucker und Butter. Außerdem hast du Eier, Gewürze, Mandeln und Rosinen genommen." Susi hat alle Zutaten herausgefunden. Sie hat mit Erfolg versucht, den Kuchen zu analysieren.

> **NUR DIE ANALYSE MACHT EINE VERMUTUNG ZUR GEWISSHEIT**

Muß man nun in jeder Textanalyse alle Aspekte des Textes untersuchen? NEIN! Nur ausnahmsweise wird verlangt: „Analysieren Sie den Text!" Normalerweise steht im Arbeitsauftrag, daß man den Text unter einem oder zwei Gesichtspunkten analysieren soll. Bei einem Bericht wird der Inhalt im Vordergrund des Interesses stehen; bei einer wissenschaftlichen Abhandlung ist eher darauf zu achten, welche Thesen der Verfasser aufstellt und wie er sie argumentativ absichert; bei einem Kommentar ist es sinnvoll, Sachdarstellung und Meinungsäußerung zu unterscheiden; bei einer Glosse wird

2. Arbeitstechniken für den ersten Zugriff auf Texte

Roman. „Sie hat wieder einen ganzen Roman erzählt", so sagt man in der Umgangssprache und meint damit, daß jemand in aller Ausführlichkeit ein Geschehen breit veranschaulicht hat. Auch die geläufige Wendung „Erzähl' mir doch keine Romane" spielt auf ein Merkmal an, das für den Roman als literarische Form gilt: er ist die Darstellung eines erfundenen Geschehens, mögen auch viele Ereignisse oder Figuren aus dem Leben genommen sein. Man kann also festhalten, daß ein Roman ein verhältnismäßig langer Prosatext ist, der ein insgesamt erfundenes („fiktives") Geschehen wiedergibt. Die Umfangsgrenzen zwischen Roman und Erzählung sind freilich fließend und lassen sich nicht auf die Seite genau angeben. Mit dieser vorläufigen Bestimmung von „Roman" gaben sich die Romantheoretiker allerdings nicht zufrieden; sie haben etliche Versuche unternommen, seine vielen Erscheinungsformen zu ordnen. Man geht z. B. vom Inhalt aus und gliedert dann nach Formen wie dem Kriminal-, dem Liebes-, dem Abenteuer-, dem historischen Roman usw. Oder man sortiert nach der Darbietungsweise. Dann könnte man den subjektiven, in „Ich-Form" erzählten Romanen, die objektiven Romanformen gegenüberstellen, in denen in der 3. Person erzählt wird (↗ Erzählperspektive). Oder man ordnet nach der „Qualität" und unterscheidet dann den Trivialroman, der nur unterhalten will, vom Kunstroman, wobei es natürlich viele Zwischenstufen gibt. Schließlich könnte man die Romanliteratur noch nach der Erzählabsicht gliedern; das ergäbe dann Formen wie den humoristischen, den kritischen, den satirischen Roman. Keiner dieser Ordnungsversuche hat sich indes allgemein durchgesetzt. Über eines besteht heute in der Wissenschaft immerhin Einigkeit: von einem Roman redet man immer dann, wenn umfassende Zusammenhänge aus dem Leben eines Einzelmenschen, einer Gruppe oder einer Epoche in Prosa wiedergegeben werden. Dies geschieht in „epischer Breite" im Präteritum, d. h. in der Vergangenheitsform. Natürlich war der Zweck dieser Ausführlichkeit und Anschaulichkeit zunächst, den Leser zu unterhalten. So ist übrigens auch der Name „Roman" zu erklären. Seit dem 12. Jahrhundert gab es nämlich in Frankreich diese in der romanischen Volkssprache geschriebenen, für jedermann verständlichen Prosaschriften, die man ursprünglich „romanz" nannte. Damit war der

Roman von Anfang an als eine etwas minderwertige Gattung charakterisiert; etwas für Leute, die kein Latein verstehen. Noch bis ins 19. Jahrhundert hinein galt das Lesen von Romanen als nicht besonders bildend, ja bei manchen Leuten fast als unmoralisch. Neben die unterhaltende Absicht trat allerdings bei den anspruchsvolleren Romanen schon früh der Zweck, den Leser zu belehren. In dem berühmten Roman *Simplicius Simplicissimus* (↗ Grimmelshausen) aus dem 17. Jahrhundert mischt sich beispielsweise beides, amüsante Unterhaltung und „moralischer Nachhilfeunterricht". Heute wird kein Mensch bezweifeln, daß man einen guten Roman mit Gewinn für sich selbst lesen kann. Diese erzieherische Tendenz ist beim Entwicklungs- und Bildungsroman besonders ausgeprägt, der nach dem Vorbild von ↗ Goethes *Wilhelm Meisters Lehrjahre* (1795/96) in Deutschland entstand. In unserer Zeit gibt es freilich diese „pädagogische" Form des Romans kaum mehr; kein Wunder, da wir uns heute über die „richtige" Erziehung und Bildung durchaus nicht immer einig sind. Auch der unterhaltende Roman tritt in unserem Jahrhundert mindestens in der anspruchsvollen Literatur zurück. Die modernen Autoren beschränken sich vielfach darauf, mit Hilfe der Sprache die Vielschichtigkeit unserer heutigen Wirklichkeit abzubilden. Sie haben dazu zahlreiche neue Formen der Darstellung entwickelt. So machen z. B. Erzähltechniken wie die „erlebte Rede" oder der „innere ↗ Monolog" das Seelenleben der Romanfiguren durchschaubar. Auch wird häufig „assoziativ" erzählt; das bedeutet, daß zeitlich und räumlich weit auseinanderliegende Geschehnisse übergangslos miteinander verbunden werden. Durch die Verwendung dieser Mittel zerfällt der Roman, der früher schlicht „nacheinander" erzählt wurde, immer stärker in seine einzelnen Teile; die Handlung löst sich auf in ein Nebeneinander „montierter" Elemente. „Wenn ein Roman nicht wie ein Regenwurm in zehn Stücke geschnitten werden kann und jeder Teil bewegt sich selbst, dann taugt er nicht", schrieb der Romanautor Alfred Döblin einmal. So hat es der Leser moderner Romane oft nicht leicht, den „roten Faden" zu erkennen. Natürlich beschäftigen sich auch heute große Romane mit den aktuellen Problemen unserer Tage: dafür können als Beleg die Namen so prominenter Autoren wie Heinrich ↗ Böll, Siegfried ↗ Lenz und Günter ↗ Grass stellvertretend für viele stehen.

Sie haben die Aufgabe, einen Text zu analysieren? Wie gehen Sie vor? „Vorgehen" bedeutet ja eigentlich: voranschreiten, Schritte machen. So auch hier.

1. Schritt
Sehen Sie sich die **Aufgabe** genau an! Steht da allgemein „Analysieren Sie den Text!", oder sollen Sie bestimmte Aspekte untersuchen, z. B. den Aufbau oder die Sprache oder die Verfasserintention, oder sollen Sie eine Inhaltsangabe anfertigen?

2. Schritt
Lesen Sie den Text durch, um sich erst einmal eine **vorläufige Textkenntnis** zu verschaffen. Machen Sie sich klar, worum es in dem Text geht und wie das Thema behandelt wird.

3. Schritt
Machen Sie erste **Notizen** über Ihre Beobachtungen, wenn auch unvollständig und ungeordnet.

4. Schritt
Lesen Sie den Text ein zweites Mal, jetzt langsamer und **intensiver**! Teilen Sie den Text in **Sinnabschnitte** ein (diese brauchen nicht mit vorhandenen Absätzen zusammenzufallen), und geben Sie jedem Sinnabschnitt eine Überschrift! Diese kann sich auf den Inhalt beziehen (z. B. „Erscheinungsformen des Romans") oder die Funktion des Abschnitts nennen (z. B. „Begriffserklärung") – je nachdem, was besser geeignet erscheint.

5. Schritt
Schlagen Sie **unverstandene Wörter** nach, sofern Ihnen deren Kenntnis unverzichtbar erscheint.

6. Schritt
Halten Sie sich an die Arbeitsanweisung, und **markieren** Sie jene Textstellen, die für die Aufgabenlösung von Bedeutung sind. Achten Sie z. B. auf sprachliche Auffälligkeiten, auf Merkmale der Textsorte, oder fragen Sie nach der Absicht des Verfassers – je nachdem, wie der Analyseauftrag lautet. Machen Sie auch **am Rand kurze Notizen**, die Ihre Beobachtungen festhalten.
Welche Zeichen und Wörter Sie hierbei verwenden, ist Ihnen überlassen. Sie könnten z. B. „Was soll das?" oder „super" oder „ätzend" an den Rand schreiben, für Zustimmung ein ☺ und für Ablehnung ein ☹ zeichnen, Textstellen durch Farben oder irgendwelche Striche hervorheben. Entscheidend ist, daß Ihr Verfahren der Textanalyse zum Erfolg verhilft. Bewährt haben sich übrigens die folgenden Möglichkeiten.

Randmarkierungen

I	=	wichtig
II	=	sehr wichtig
!	=	erstaunlich, auffällig
+	=	gut
?	=	unklar
??	=	fraglich, zweifelhaft
↓	=	Zusammenhang
① ② ③	=	Numerierung

Markierungen im Text

⊙ Einkreisen

▢ Einkästeln

Unterstreichen

∫ Verbinden

Unterscheidende Farbmarkierung

Randkommentare

Einl. (= Einleitung)

Hauptteil

Schluß

Kernaussage

Frage

These

Arg. (= Argument, Begründung)

Bsp. (= Beispiel)

Gegenbsp.

Def. (= Definition)

Folg. (= Folgerung)

neuer Ged. (= neuer Gedanke)

Widerspr. (= Widerspruch)

Appell

vgl. Z. x   (= vergleiche Zeile x)

s. o., s. u.

7. Schritt
Auf der Grundlage Ihrer Markierungen, Randvermerke und Notizen fertigen Sie nun ein **Konzept** an, das Ihre Ergebnisse in Stichworten oder im „Telegrammstil" auflistet. Jetzt entscheiden Sie auch über die Reihenfolge Ihrer Darstellung; Sie können manches noch umstellen, um zu einer sachgerechten Lösung zu kommen.

8. Schritt
Aus dem Konzept entsteht nun die **Reinschrift**.

3 Setzen Sie die begonnenen Markierungen im Text auf S. 15 bis 16 fort.

4 Üben Sie die Markierungstechnik bei dem folgenden Text. Es soll erfaßt werden, wie der Verfasser seine Aussage entwickelt. Folgen Sie den Schritten 1 bis 6.

Wortinhalte

Über das Verhältnis zwischen den Wörtern und den durch sie bezeichneten Dingen bestehen zwei Vorstellungen, die man als die naive und die bewußte bezeichnen kann. Nach der naiven Vorstellung, mit der wir alle beginnen, besteht die Welt aus endlich vielen Sorten von Gegenständen, Lebewesen, Eigenschaften und Tätigkeiten, Sorten, die von der Natur deutlich abgetrennt sind. Zu jeder dieser Sorten gibt es einen Namen, d.h. ein zugehöriges Wort. Die Funktion der Sprache besteht demnach lediglich darin, zu den bereits bestehenden Kategorien die Namen, die lautlichen Zeichen, zu liefern.

In dieser naiven Anschauung verharren wir, bis uns eines Tages, sei es durch die Beschäftigung mit fremden Sprachen, sei es durch die Philosophie oder Sprachwissenschaft, der wahre Sachverhalt aufgeht: die Kategorien der Dinge sind nicht schon durch die Natur gegeben, sie werden erst durch die Sprache geschaffen. Am nachdrücklichsten erweist sich dies am Beispiel der Farben, das geradezu klassisch geworden ist. In der Natur gibt es, wie uns die Physik lehrt, keine fest abgegrenzten Farbbereiche, sondern nur Licht verschiedener Wellenlängen in praktisch unendlichen Varianten. Wenn wir normalerweise eine bestimmte endliche Anzahl von Grundfarben unterscheiden, etwa Rot, Gelb, Grün, Blau, Violett, so verdanken wir diese Kategorien keineswegs der physischen Natur. Sie werden erst durch unsere Sprachen geschaffen, sind deshalb keineswegs von Sprache zu Sprache gleich und sind auch innerhalb derselben Sprache nicht zu allen Zeiten dieselben.

Das Englische z.B. besitzt im Feld b r a u n eine ganze Anzahl von Grundwörtern, die im Deutschen keine direkte Entsprechung haben, so a u b u r n rotbraun mit Bindung an das menschliche Haar, r u d d y braunrot, gesundfarbig, mit Bindung an das Gesicht, t a n Farbe der tiefen Sonnenbräune, b u f f Farbe amtlicher Briefumschläge oder Göschen-Bändchen, d u n stumpfes Graubraun gegen Mausgrau. Um diese Begriffe wiederzugeben, müssen wir im Deutschen und in anderen Sprachen zu Umschreibungen greifen.

Ebenso auffällig sind die Veränderungen in der Zeit. Das deutsche Wort b r a u n umfaßte noch im 17. Jahrhundert neben dem heutigen Braun auch den blauroten Bereich, also das, was wir heute violett nennen – daher die barocke Formel „die braune Nacht", die noch bei Nietzsche weiterlebt. Erst das neu aufkommende Wort v i o l e t t gliederte diesen Bereich als etwas Separates ab und schränkte braun auf seinen heutigen Umfang ein. So erscheint uns heute in zwei getrennten Kategorien, was noch im 17. Jahrhundert als eine einzige galt.

Aber nicht nur bei den übergänglichen Farben, sogar im Tierreich, wo wir die Abgrenzungen von der Natur geschaffen glauben, sind die kategoriellen Unterschiede von Sprache zu Sprache größer, als wir allgemein annehmen. Wir brauchen nicht zum Chinesischen zu gehen, wo Schaf und Ziege unter ein Wort, yang, zusammengefaßt und als eine Gattung behandelt sind. Schon zwischen dem Deutschen und dem Englischen finden sich auffallende Unterschiede. Der deutschen Kategorie Affe stehen im Englischen zwei gegenüber: ape für die großen, schwanzlosen, monkey für die kleineren, geschwänzten Tiere. Oder, was weniger bekannt ist: Die deutsche Kategorie Schnecke zerfällt im Englischen in zwei, snail für die Schnecken mit Haus, slug für die Nacktschnecken – entsprechend französisch escargot und limace.

Da die Natur in diesen Bereichen dies- und jenseits der Sprachgrenze nicht verschieden ist, kann die Verschiedenheit nur in der Sprache liegen. Wir müssen also anerkennen, daß die Klassen, unter die wir die Erscheinungen der Welt subsumieren, ihrem Wesen nach sprachliche Schöpfungen sind: Sie sind Funktionen dessen, was wir Begriffe, Wortbedeutungen oder Wortinhalte nennen.

3. Den Inhalt erfassen

Die Inhaltsangabe hat die Aufgabe, Leser, die das Original nicht kennen, über den wesentlichen Inhalt eines Textes genau und verständlich zu informieren.

☞ Daraus leiten sich folgende **Merkmale der Inhaltsangabe** ab:
- Zuverlässigkeit (entscheidende Aussagen nicht übergehen und nichts verändern),
- Sachlichkeit (eigene Gefühle und Gedanken fließen nicht ein),
- Übersichtlichkeit (eine sinnvolle und erkennbare Gliederung ist leserfreundlich),
- Knappheit (im Vergleich zum Lesen des Originals soll ja Zeit eingespart werden).

Eine große Rolle spielt die Inhaltsangabe auch im Rahmen von Textanalysen. Denn gründliches Analysieren und Verstehen eines Textes beginnt damit, daß man sich den Inhalt bewußtmacht.

Inhaltsangaben kommen in **zwei Formen** vor. Entweder geht es um eine **textbegleitende Inhaltsangabe,** nämlich wenn die Aufgabe nichts anderes als eine „Inhaltsangabe", „Inhaltswiedergabe" oder „Zusammenfassung" verlangt. Die Wiedergabe des Inhalts folgt hier linear der Reihenfolge im Originaltext.

Wenn es die Aufgabe erfordert, müssen Sie jedoch nach bestimmten Gesichtspunkten vorgehen, bestimmte Aspekte des Inhalts herausarbeiten. Das ist dann eine **systematische Inhaltsangabe.** Zu dem Text „Wortinhalte" auf Seite 19 könnte z. B. die Aufgabe lauten: „Mit welcher Frage befaßt sich der Verfasser dieser Abhandlung, und welche Antwort gibt er?" Zum Vorwort einer Literaturgeschichte könnte etwa gefragt werden: „Welche Aufgaben hat nach Auffassung des Verfassers die Literaturgeschichtsschreibung, und welche literaturgeschichtlichen Darstellungen lehnt er ab?" Läge Ihnen eine Rezension vor, würde vielleicht gefragt: „Anhand welcher Kriterien bewertet der Rezensent den Roman, und zu welchem Urteil gelangt er?"

Sie müssen sich also auch bei Inhaltsangaben genau an die Arbeitsanweisung halten.

Orientieren Sie sich bei der Anfertigung einer Inhaltsangabe an den acht Schritten, die auf den Seiten 17 bis 19 beschrieben werden.

☞ Der **Aufbau** Ihrer Inhaltsangabe sollte diesem bewährten Schema folgen:
Einleitung: Der Leser soll über die Herkunft des Textes Bescheid wissen. (Vgl. unten Seite 62.)
Überleitung: Ein oder zwei Sätze über das Thema oder den Inhalt als Ganzes erleichtern das Verständnis.
Hauptteil: Hier stehen die entscheidenden Informationen über den wesentlichen Textinhalt.
Schluß: In der Regel ist eine Schlußbemerkung nicht erforderlich. Vielleicht fordert aber die Arbeitsanweisung eine Stellungnahme, etwa zum Standpunkt, zur Argumentation oder zur Intention des Verfassers. Dann geht die Inhaltsangabe in eine Erörterung über.

☞ Für die **Schreibweise** gelten folgende Regeln:
- Das **Präsens** wird im Sinne eines „Null-Tempus" benutzt, d.h. jeglicher Zeitbezug fehlt.
- Man schreibt **in eigenen Worten**, denn es soll ja keine Nacherzählung werden. Da man bei der Zusammenfassung abstrahiert, benötigt man auch abstrakte Begriffe.
- Man zeigt Distanz zum Originaltext an, indem man bestimmte Signale verwendet, nämlich die **indirekte Rede mit dem Konjunktiv I**.
- Das gleiche leisten auch **redebezeichnende Verben**: „Der Verfasser äußert, schreibt, meint, legt dar …"
- Mit redebezeichnenden Verben kann man außerdem verdeutlichen, **was der Verfasser jeweils tut**: „Der Verfasser beschreibt, erläutert, behauptet, begründet, beurteilt, bekennt, fordert, weist zurück, stellt in Frage, bejaht, bekräftigt …"
- **Zitate** werden nur in jenen Ausnahmefällen gebracht, wo es unverzichtbar erscheint, den Wortlaut zu dokumentieren.

5 Fertigen Sie zu dem folgenden Text von Peter Handke das Konzept für eine Inhaltsangabe an. Nutzen Sie dabei die Markierungstechniken, die Sie auf Seite 18 zusammengefaßt finden.

Die Konzeptfassung kann so beginnen:

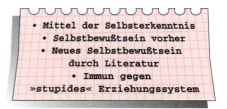

- Mittel der Selbsterkenntnis
- Selbstbewußtsein vorher
- Neues Selbstbewußtsein durch Literatur
- Immun gegen »stupides« Erziehungssystem

Literatur ist für mich lange Zeit das Mittel gewesen, über mich selber, wenn nicht klar, so doch klarer zu werden. Sie hat mir geholfen zu erkennen, daß ich da war, daß ich auf der Welt war. Ich war zwar schon zu Selbstbewußtsein gekommen, bevor ich mich mit der Literatur beschäftigte, aber erst die Literatur zeigte mir, daß dieses Selbstbewußtsein kein
5 Einzelfall, kein Fall, keine Krankheit war. Ohne die Literatur hatte mich dieses Selbstbewußtsein gleichsam befallen, es war etwas Schreckliches, Beschämendes, Obszönes gewesen; der natürliche Vorgang erschien mir als geistige Verwirrung, als eine Schande, als Grund zur Scham, weil ich damit allein schien. Erst die Literatur erzeugte mein Bewußtsein von diesem Selbstbewußtsein, sie klärte mich auf, indem sie zeigte, daß ich kein Ein-
10 zelfall war, daß es anderen ähnlich erging. Das stupide System der Erziehung, das wie auf jeden von den Beauftragten der jeweiligen Obrigkeit auch auf mich angewendet wurde, konnte mir nicht mehr soviel anhaben. So bin ich eigentlich nie von den offiziellen Erziehern erzogen worden, sondern habe mich immer von der Literatur verändern lassen. Von ihr bin ich durchschaut worden, von ihr habe ich mich ertappt gefühlt, von ihr sind mir
15 Sachverhalte gezeigt worden, deren ich nicht bewußt war oder in unbedachter Weise bewußt war. Die Wirklichkeit der Literatur hat mich aufmerksam und kritisch für die wirkliche Wirklichkeit gemacht. Sie hat mich aufgeklärt über mich selber und über das, was um mich vorging.
Seit ich erkannt habe, worum es mir, als Leser wie auch als Autor, in der Literatur geht,
20 bin ich auch gegenüber der Literatur, die ja wohl zur Wirklichkeit gehört, aufmerksam und kritisch geworden. Ich erwarte von einem literarischen Werk eine Neuigkeit für mich, etwas, das mich, wenn auch geringfügig, ändert, etwas, das mir eine noch nicht gedachte, noch nicht bewußte Möglichkeit der Wirklichkeit bewußt macht, eine neue Möglichkeit zu sehen, zu sprechen, zu denken, zu existieren. Seitdem ich erkannt habe, daß ich selber
25 mich durch die Literatur habe ändern können, daß mich die Literatur zu einem andern gemacht hat, erwarte ich immer wieder von der Literatur eine neue Möglichkeit, mich zu ändern, weil ich mich nicht für schon endgültig halte. Ich erwarte von der Literatur ein Zerbrechen aller endgültig scheinenden Weltbilder. Und weil ich erkannt habe, daß ich selber mich durch die Literatur ändern konnte, daß ich durch die Literatur erst bewußter
30 leben konnte, bin ich auch überzeugt, durch meine Literatur andere ändern zu können. Kleist[1], Flaubert[2], Dostojewski[3], Kafka[4], Faulkner[5], Robbe-Grillet[6] haben mein Bewußtsein von der Welt geändert.

(Peter Handke, 1967)

[1] Heinrich von Kleist, 1777–1811
[2] Gustave Flaubert, französischer Romanschriftsteller, 1821–1880
[3] Fjodor Michailowitsch Dostojewski, russischer Schriftsteller, 1821–1881
[4] Franz Kafka, 1883–1924
[5] William Faulkner, amerikanischer Erzähler, 1897–1961, Nobelpreis 1949
[6] Alain Robbe-Grillet, geb. 1922, französischer Romanschriftsteller der Richtung des „nouveau roman"

6 Die Inhaltsangabe ist bereits z. T. vorformuliert. Vollenden Sie sie.
„Der vorliegende Text ist ein Auszug aus einem Aufsatz, den der österreichische Schriftsteller Peter Handke 1967 geschrieben hat. Es geht um die Frage, was Literatur leisten kann.
Handke erläutert, was ihm als Leser wie auch als Schriftsteller die Literatur bedeutet. Er berichtet, wie ihm die Literatur geholfen habe, sich über sich selbst klarer zu werden. Bevor er anfing, Bücher zu lesen, habe er sein Bewußtsein von sich selbst als krankhaften Sonderfall, sogar als etwas „Obszönes" (Zeile 6) angesehen, dessen er sich schämen mußte.
Die Literatur habe ihn dann aufgeklärt, daß er kein Einzelfall sei. Die Folge sei gewesen, schreibt Handke, daß ihn das stumpfsinnige Erziehungssystem nicht mehr beeinflussen konnte. Nicht die Erzieher hätten ihn erzogen, sondern die Literatur. Sie habe sein kritisches Bewußtsein von der Wirklichkeit und von ihm selbst geprägt. ..."

7 In dem folgenden Text, einer Rezension, ist eine Inhaltsangabe enthalten. Suchen Sie die typischen Merkmale, und markieren Sie diese Textstellen:
① Das Thema des besprochenen Buches wird genannt.
② Der Inhalt des Buches wird gerafft wiedergegeben.
③ Der Konjunktiv I wird verwendet.
④ Es kommen wenige wörtliche Zitate vor.
⑤ Redebezeichnende Verben werden verwendet.
⑥ Autoren werden genannt.

8 Gehören auch die letzten beiden Sätze zur Inhaltsangabe? Begründen Sie Ihre Entscheidung.

Insgesamt differenzierter fragt die Aufsatzsammlung der Soziologen Robert Hettlage und Karl Lenz nach dem Grad erreichter Integration der neuen deutschen Gesellschaft. Der Band präsentiert die objektiven Fakten, ohne dabei subjektive Befindlichkeiten und Wahrnehmungen auszublenden. Zutreffend sprechen die Herausgeber davon, daß es so „erscheinen" könne, als habe eine „Kolonisation" durch die ‚Besser-Wessis' den Osten überrollt. Tatsächlich aber habe es zum „Weg der schnellen Einheit" und ihren Folgen kaum eine Alternative gegeben, denn die DDR-müden Deutschen hätten das Tempo bestimmt.
Der Einigungsvertrag, so Hettlage, habe die entscheidenden Weichen gestellt. Dabei sei das Recht der alten Bundesrepublik „bewußt als Träger des sozialen Wandels" eingesetzt worden. Noch freilich „schwebt das neue System oberhalb der ostdeutschen Gesellschaft und ist mit ihr erst lose vertäut", warnt der Dresdner Politikwissenschaftler Werner J. Patzelt. Die wachsende Distanz der Bevölkerung zum politischen Betrieb („Zuschauerdemokratie") sei indes ein gesamtdeutsches Phänomen. Es fehle insgesamt, so Patzelt, an „aktiven Demokraten". Ein bedenklicher Befund. Denn daran ging schon einmal eine deutsche Demokratie, die Weimarer Republik, zugrunde.

Robert Hettlage/Karl Lenz (Hrsg.): „Deutschland nach der Wende. Eine Bilanz". C. H. Beck Verlag, München; 274 Seiten, 24 Mark.

4. Die Struktur durchschauen

Sie wissen, daß viele Dinge eine Struktur besitzen: Gewebe, Tapeten, Holz, Landschaften, Stadtviertel, die Wirtschaft eines Landes, das Schulsystem ...

9 Überlegen Sie, was der Begriff Struktur in den genannten Dingen meint.

> **Struktur** [lat.] die; –, –en: 1. [unsichtbare] Anordnung der Teile eines Ganzen zueinander, gegliederter Aufbau, innere Gliederung. 2. Gefüge, das aus Teilen besteht, die wechselseitig voneinander abhängen. 3. (ohne Plural) erhabene Musterung bei Textilien, Tapeten o. ä. 4. geologische Bauform (z. B. Falte, Salzstock u. a.).

10 Welche Struktur hat ein ganz normaler Schultag bei Ihnen? Fertigen Sie eine Zeitleiste an, tragen Sie die Elemente ein, und stellen Sie, soweit möglich, Verbindungen her.

In Kapitel A 2 wird schon auf die Textstruktur hingewiesen, und in Kapitel A 3 wird gezeigt, daß die Struktur eins der vier textbildenden Elemente ist.

11 Sehen Sie sich diese Beispiele noch einmal an:

„Hallo, Mike ..." (Seite 11):
Klarer Aufbau in drei Sätzen, die jeweils einen bestimmten Inhalt vermitteln und die Absicht des Schreibers zum Ausdruck bringen.

Wetterbericht (Seite 13):
Verteilung der Nachricht auf zwei Absätze mit deutlich verschiedenem Inhalt; sachgerechte Abfolge der Mitteilung in den Sätzen des zweiten Absatzes.

Text von Peter Handke (Seite 22):
Erst spricht Handke von seinen Leseerfahrungen in der Jugend, dann von seinen Erwartungen an die Literatur und schließlich von seinen Absichten als Schriftsteller.

Buchbesprechung (Seite 23):
Einleitung, Hauptteil und Schluß sind gut zu unterscheiden: erst eine Charakterisierung des Buches, dann wichtige Beispiele aus dem Inhalt, schließlich ein über das Buch hinausführender Gedanke.

12 Grenzen Sie in der Buchbesprechung diese Teile mit Strichen voneinander ab.

Für das Verstehen eines Textes ist es wichtig, seine Struktur zu durchschauen. Hat man die Struktur erkannt, weiß man, wie der Schreiber vorgegangen ist: wie er angefangen hat, wie er vorangeschritten und schließlich zu einem Abschluß gelangt ist – kurz: wie er beim Leser das Textverstehen anbahnt oder zu steuern versucht.

☞ Wodurch entsteht nun die **Textstruktur?** Es ist die Anordnung der Einzelaussagen und die Beziehung zwischen ihnen, die aus dem Text mehr machen als eine Ansammlung von Wörtern. Das läßt sich an dem folgenden Text gut erkennen.

Wie arbeitet eine Solaranlage?
Das auffälligste Merkmal einer Solaranlage sind die – meist in das Dach eingelassenen – Kollektoren, in denen das einfallende Sonnenlicht in Wärme verwandelt wird. Temperaturen von etwa 40 bis 100 Grad Celsius, wie sie für Raumheizung und Brauchwasser erforderlich sind, lassen sich am wirtschaftlichsten mit sogenannten Flachkollektoren erzeugen. Zwar gibt es diese „Energiesammler" in den unterschiedlichsten technischen Ausführungen. Um den „Treibhauseffekt" voll nutzen zu können, sind die technischen Bausteine jedoch immer gleich. Sonnenstrahlen durchdringen auf dem Hausdach (meist zwei) Glasscheiben und treffen auf eine Absorberplatte aus zum Beispiel mattschwarzem Metall. Die Absorberplatte „schluckt" die kurzwelligen Sonnenstrahlen und erwärmt sich dadurch. Die Sonnenwärme bleibt jedoch nicht in der Platte, sondern wird als langwellige Infrarotstrahlung wieder abgegeben – das heißt als thermische Energie, also Wärme. Eine Isolierschicht hinter und an den Seiten der Absorberplatte soll eventuellen Wärmeverlust nach außen verhindern. Durch den Kollektor wird ein „Wärmeträger" (zum Beispiel Wasser oder Luft) geschickt, der sich erhitzt und die so entstehende Wärme entweder direkt oder indirekt (über einen Wärmetauscher) abgibt. Das auf diese Weise aufgeheizte Wasser wird dann gespeichert, um es bei Bedarf an die Brauchwasser-Zapfstelle oder in die Heizung zu schicken. Je nach Art des „Wärmeträgers" werden Flüssigkeits-(Wasser-) und Luftkollektoren unterschieden. Wegen der guten Speicherkapazität des Wassers überwiegen Flüssigkeitskollektoren. Neben dem direkt einfallenden Sonnenschein nutzen Sonnenkollektoren auch das Streulicht, das von allen Himmelsrichtungen auf sie fällt. Im Gegensatz zu beispielsweise Hohlspiegeln können Flachkollektoren die Sonnenenergie also auch bei bewölktem Wetter in Wärme umwandeln.

Die Information ist inhaltlich in folgende Teile (Sinnschritte) gegliedert:
1. Die Kollektoren auf dem Dach
2. Die Bauteile des Systems
    – Absorber
    – Wärmeabgabe
    – Isolierung
    – Wärmespeicherung
3. Kollektorsorten
4. Streulicht-Nutzung

13 Grenzen Sie diese Teile im Text durch senkrechte Striche voneinander ab. (Die im Original vorhandenen Absätze sind nicht wiedergegeben.)

Sie erkennen an dem Text auch, daß die Teile nicht unverbunden nebeneinander stehen, sondern <u>verknüpft</u>, <u>verflochten</u> sind. Im zweiten Satz wird „Kollektoren" aus dem ersten Satz wieder aufgenommen, im dritten wird mit dem Pronomen „diese" zurückverwiesen usw.

14 Markieren Sie im Text alle Verknüpfungsmittel.

☞ Die Einzelaussagen (Teile, Sinnschritte) sind die **Bausteine** des Textes. Die Bausteine haben im Textzusammenhang ganz unterschiedliche **Mitteilungszwecke**, sie können z. B. als Einleitung oder Zusammenfassung dienen, in ihnen kann eine Behauptung oder eine Forderung enthalten sein, ein Urteil, eine Begründung usw. In der folgenden Übersicht werden die wichtigsten Mitteilungszwecke von Textteilen aufgelistet. Hier finden Sie die „Vokabeln", die Sie für die Beschreibung der Textstruktur benötigen – je nach der Eigenschaft des einzelnen Textes.

Bezeichnungen für Textbausteine
Einstieg, Einleitung, Hinführung
Nennung von Fakten oder Daten
Äußerung von Gedanken, Meinungen, Ansichten, Urteilen
Zurückweisung einer fremden Meinung
Beschreibung oder Erläuterung von Sachverhalten, Gegenständen
   oder Vorgängen
Bericht über Geschehen
Forderung, Appell
Einführung und Erklärung von Begriffen
These (Behauptung), Gegenthese
Argument zur Begründung einer These
Beispiel, Beleg, Beweis
Folgerung
Verweis, Zitat
Feststellung von Ergebnissen, auch Zwischenergebnissen
Lösungsvorschlag
Zusammenfassung
Fazit, Schlußfolgerung

---

15 Gehen Sie noch einmal zu dem Text „Wortinhalte" auf Seite 19 zurück, und suchen Sie nach Strukturelementen (Bausteinen), die in dieser Übersicht genannt werden. Schreiben Sie die jeweilige Bezeichnung („Vokabel") an den Rand.

Zur Beschreibung der Struktur eines Textes kann es auch ergiebig sein, darauf zu achten,
- ob der Verfasser Schwerpunkte setzt,
- wie der Verfasser von einem Aspekt zu einem anderen übergeht,
- ob der Text kohärent ist oder Gedankensprünge, Widersprüche und Abschweifungen enthält.

Argumentative Texte

Von Texten, die einen Sachverhalt darlegen, erläutern oder klären, unterscheiden sich die argumentativen Texte, in denen ein Standpunkt zu einer strittigen Frage geäußert und begründet wird. Sie begegnen uns vor allem in den Wissenschaften, in der politischen Auseinandersetzung und in Plädoyers. In der Schule sind es die bekannten Erörterungsaufsätze. Beispiele für derartige Fragestellungen:

Sollten Hausaufgaben abgeschafft werden?
Wahlalter 16 – Pro und Contra
„Zivildienst ist eine Sache für Drückeberger."
Das ethische Problem der Genmanipulation
Können Dichter die Welt verändern?

Zwar enthalten argumentative Texte auch berichtende und beschreibende Passagen, im Vordergrund steht aber die **Argumentation** – das ist eine Folge von Thesen, Argumenten und Beispielen. Die **These** kann als Behauptung oder Forderung formuliert sein. Das **Argument** dient dazu, die These zu begründen. Das nachgetragene **Beispiel** – es fehlt auch manchmal – kann das Argument stützen: durch Veranschaulichung, durch einen Beleg oder durch die Berufung auf eine Autorität („Der Politiker X, der Wissenschaftler Y hat gesagt…", „Schon bei Plato ist nachzulesen…", „Das Bundesgesundheitsamt hat festgestellt…"). Die Dreiteiligkeit der Argumentation stellt den Idealfall dar; die Schreib- und Redepraxis kann davon abweichen.

☞ Wer die **Struktur eines argumentativen Textes** durchschauen und beschreiben will, muß vor allem untersuchen,
- wie die Problemstellung lautet,
- welchen Standpunkt der Verfasser einnimmt,
- wie er seinen Standpunkt begründet,
- womit er seine Begründung stützt,
- zu welchem Schluß er gelangt.

16 Gehen Sie nun zurück auf Seite 19, und überprüfen Sie, ob Sie in dem Text „Wortinhalte" bereits alle gedanklichen Schritte, in denen der Verfasser das Thema erörtert, erfaßt haben. Wenn Sie noch etwas entdecken, ergänzen Sie Ihre Markierungen und Randkommentare.

In der Praxis verbindet man die Beschreibung der **Textstruktur** oft mit der **Inhaltswiedergabe**. Entsprechende Aufgabenstellungen lauten dann etwa so:
„Geben Sie den Inhalt wieder, und beschreiben Sie zugleich den Aufbau des Textes!"
„Fertigen Sie eine gegliederte Inhaltsangabe an, und zeigen Sie, wie die Sinnabschnitte aufeinander bezogen sind!"
„Zeichnen Sie den Gedankengang nach!"

17 An dem folgenden Text können Sie einmal üben, den Textinhalt in Kombination mit einer Strukturbeschreibung wiederzugeben. Sie könnten so anfangen:

> In dem vorliegenden Text wird erörtert, ob Einzel- oder Gruppenarbeit für das Lernen effektiver ist. Eine Einleitung fehlt; offenbar handelt es sich um einen Textauszug aus einer umfangreicheren Darstellung. Schon im ersten Satz wird die Frage beantwortet: Der Verfasser empfiehlt die Arbeit in Gruppen, vor allem an der Hochschule. Dafür werden mehrere Begründungen angeführt. 1. Lerngruppen wirkten der „Isolierung im Massenbetrieb" entgegen. 2. Der einzelne sei in der Gruppenarbeit stärker motiviert. 3. …

Einzelarbeit oder Gruppenarbeit

Vor allem an der Hochschule ist der Zusammenschluß zu *Lerngruppen* zu empfehlen. Sie bieten entscheidende Vorteile: Wie die im ersten Teil der Serie zitierte Untersuchung zeigt, wird die „Isolierung im Massenbetrieb" als größtes Problem der neueintretenden Studenten empfunden. Lerngruppen wirken dieser Isolierung entgegen.

In der Gruppe ist die Motivation besser. Vor Schwierigkeiten und Problemen wird weniger schnell kapituliert; man versucht, gemeinsam eine Lösung zu finden.

Wenn man anderen einen Gedanken mitteilt, muß man ihn sorgfältiger überlegen und klarer formulieren. Vorschläge werden durch die Reaktion der anderen Gruppenmitglieder überprüft, ergänzt, abgerundet; die Ergebnisse sind deshalb durchdachter, „ausgereifter" als bei Alleinarbeit.

Trotz der erwähnten Vorteile wäre es falsch, nur noch in Gruppen zu lernen. Abgesehen davon, daß von der Schule oder der Hochschule in aller Regel Einzelleistungen gefordert und geprüft werden und ein ständiges gemeinsames Lernen schlecht auf diese Prüfungssituation vorbereitet, zeigt die Erfahrung auch, daß es Aufgabentypen gibt, die besser allein erledigt werden. Grundsätzlich läßt sich sagen, daß die erste Auseinandersetzung mit dem Wissensstoff (Lesen von Fachbüchern) besser allein erfolgt, ebenfalls das Abfassen eines Berichts. Aus Untersuchungen ergibt sich, daß einzelne kreativer sind als Gruppen, daß von einer Gruppe weniger Ideen produziert werden als von der gleichen Anzahl allein Arbeitender. Allgemein gilt, daß Aufgaben, die *divergierendes* Denken (möglichst viele verschiedene Lösungen) erfordern, besser von einer Anzahl Einzelpersonen gelöst werden, während Gruppen bei Problemen, die *konvergierendes* Denken (Finden der besten Lösungen) verlangen, dem Einzelnen überlegen sind.

Am besten ist deshalb ein Wechsel zwischen Einzel- und Gruppenarbeit: jeder arbeitet sich zunächst allein in ein Gebiet ein. In der darauffolgenden Diskussion werden die Kenntnisse vertieft, offene Fragen beantwortet; anschließend werden wieder in Einzelarbeit die Formulierungen überarbeitet, durch weitere Lektüre die entdeckten Wissenslücken geschlossen, Fragen für die nächste Gesprächsrunde zusammengetragen usw.

In ihrem Buch „Erziehungspsychologie" fassen R. und A. Tausch unter vielen anderen folgende Untersuchungen zusammen, die die Leistungen von Gruppen mit jenen von einzeln Lernenden verglichen:

80 Studenten, 80 Fachschüler sowie 80 Abiturienten erhielten Lehrtexte aus verschiedenen Wissensgebieten.

Jeder Teilnehmer erarbeitete einen Lehrtext in einer Kleingruppe, einen anderen in Einzelarbeit. In den Kleingruppen wurde zu viert oder zu zweit gelesen und diskutiert. Die Arbeitszeit betrug jeweils 30 Minuten. Ergebnis:

Schüler und Studenten mit Teilnahme an Kleingruppenarbeit zeigten bei der unmittelbaren und eine Woche späteren Einzelprüfung durchschnittlich 20 % bessere Lernleistungen als Einzelarbeiter. Zugleich waren ihre gefühlsmäßigen und sozialen Erfahrungen bei Kleingruppenarbeit gemäß ihren Angaben deutlich günstiger als bei Einzelarbeit (Bödiker u. a., 1976).

Über 400 Schüler des 6.–9. Schuljahrs erledigten ihre Hausaufgaben in Mathematik und Englisch während der Schulzeit, die Hälfte der Klasse in Kleingruppen-, die andere in „Einzelarbeit". Dauer ca. 30 Minuten pro Tag. Nach 1–4 derartigen Übungstagen erfolgte die Einzelprüfung in Klassenarbeiten. Auch hier zeigte sich, daß die Leistungen der Schüler deutlich besser waren, wenn sie ihre Hausaufgaben in Kleingruppen erledigt hatten, auch die Motivation der Schüler war besser.

(abi. Berufswahlmagazin, Heft 9/1980, S. 18 f.)

☞ Man kann den Aufbau eines argumentativen Textes **graphisch** sichtbar machen; das schafft mehr Transparenz. Die Argumentationsstruktur des Textes „Einzelarbeit oder Gruppenarbeit" läßt sich folgendermaßen abbilden:

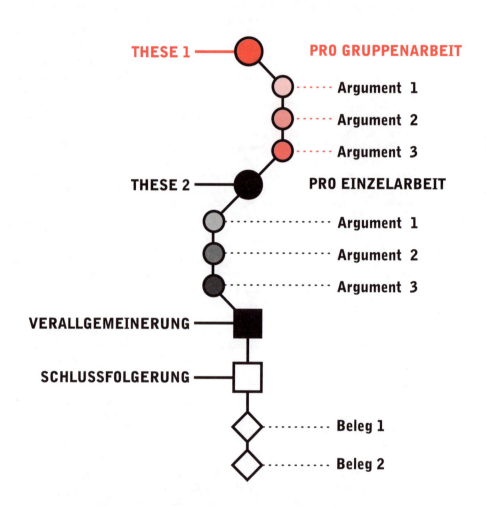

18 Überprüfen Sie die Beziehung zwischen Text und Graphik.

19 Zeichnen Sie eine entsprechende Graphik zu dem Text „Wortinhalte" auf Seite 19.

5. Den Sprachgebrauch beobachten

Die sprachlichen Mittel

Sie wissen, woraus die Sprache besteht: Es sind die Wörter (sie werden in Wörterbüchern gesammelt) und die Regeln, die bestimmen, wie man die Wörter kombinieren und aus ihnen Sätze bilden kann (die Regeln sind in der Grammatik aufgezeichnet). Dieses System aus Wörtern und Regeln ist so beschaffen, daß wir beim Sprechen und Schreiben praktisch unbegrenzten Gebrauch davon machen können.

A
Dieses teils feuchte, teils trockene Land war noch vor wenigen Jahrzehnten ein Grasland, auf dem große Rinder-, Pferde- und Schafherden weideten. Die ungarischen Hirten, Nachkommen des einstigen Nomadenvolkes der Madjaren, konnten auf ihren schnellen Pferden stundenlang über die weite Grassteppe reiten, bevor sie die nächsten menschlichen Siedlungen und Felder erreichten. Das Land trägt den Namen „Pußta", was so viel wie Grassteppe oder Ödland bedeutet.

B
Anfangs war meine ganze Seele von der Größe des Bildes gefaßt: wie die endlose Luft um mich schmeichelte, wie die Steppe duftete und ein Glanz der Einsamkeit überall und allüberall hinauswebte: – aber wie das morgen wieder so wurde, übermorgen wieder – immer gar nichts als der feine Ring, in dem sich Himmel und Erde küßten, gewöhnte sich der Geist daran, das Auge begann zu erliegen und von dem Nichts übersättigt zu werden, als hätte es Massen von Stoff auf sich geladen – es kehrte in sich zurück, und wie die Sonnenstrahlen spielten, die Gräser glänzten, zogen verschiedene einsame Gedanken durch die Seele.

20 Obwohl die beiden Texte aus dem gleichen Themenbereich stammen, sind sie auffällig verschieden. Notieren Sie Ihre Beobachtungen in Stichworten.

A   B
_____
_____
_____
_____

Es sind die Wörter und die Sätze, die ein Autor als sprachliche Mittel benutzt, um seine Schreibabsicht zu verwirklichen. Sie vor allem prägen den Text,

☞ geben ihm seine Eigenart. Die wichtigsten sprachlichen Mittel aus dem **Wortschatz** lassen sich so ordnen:
- die Wortarten
  (auffällige Häufigkeit bestimmter Wortarten),
- die Zugehörigkeit zu Stilschichten
  (Standardsprache, Bildungssprache, Umgangssprache),
- die Herkunft aus Sondersprachen
  (Gruppensprache, Fachsprache, Dialekt),
- die zeitliche Geltung
  (altertümliche Wörter = Archaismen, Neuwörter, Modewörter),
- der Wortcharakter
  (klangvoll, bildhaft, emotional, abstrakt),
- die Wortbildung
  (Komposita, Kunstwörter, Fremdwörter),
- Wortfiguren
  (Stilfiguren im Bereich der Wortwahl, vgl. Kapitel D 2).

☞ Der **Satzbau** (die Syntax) weist meist weniger Auffälligkeiten auf, aber für manche Sachtexte ist er doch charakteristisch. Prägend können sein
- die Satzlänge
  (kurz, mittel, lang),
- die Satzart
  (Aussage-, Frage-, Aufforderungs-, Ausrufesatz),
- die Satzkonstruktion
  (Einfachsatz, Satzreihe, Satzgefüge, Parenthese, Ellipse),
- die Art der Nebensätze
  (Relativ-, Kausal-, Tempora-, Konsekutivsätze o. a. können überwiegen),
- die Wortstellung im Satz
  (Inversion, Satzfiguren, vgl. Kapitel D 2).

☞ Auch bestimmte **Satzzeichen** können auffallen und für den Text charakteristisch sein: Der Doppelpunkt steht vor Zusammenfassungen oder Folgerungen; der Gedankenstrich bereitet auf etwas Unerwartetes vor oder zeigt an, daß das Gesagte gedanklich weitergeführt werden soll; die Offenheit einer Aussage kann auch durch drei Punkte angezeigt werden.

21 Ergänzen Sie jetzt, wenn nötig, Ihre Notizen von Übung 20 (Seite 31).

Die charakteristische Eigenart der Ausdrucksweise eines Textes wird als **Sprachstil** bezeichnet. Den Sprachstil von Sachtexten kann man anhand der folgenden Wortpaare kennzeichnen. Dabei kann es auch Zwischenstufen und Mischformen geben; ein Text kann z. B. nur stellenweise unklar oder nur ein bißchen geistreich sein.

klar	⇔	unklar
anschaulich	⇔	abstrakt
rational	⇔	emotional
lebendig	⇔	monoton
eindringlich	⇔	distanziert
nüchtern	⇔	feierlich-pathetisch
schlicht	⇔	bombastisch
geistreich, witzig	⇔	trocken
umgangssprachlich	⇔	schriftsprachlich
schwer zugänglich	⇔	allgemeinverständlich
folgerichtig	⇔	sprunghaft

22 Kennzeichnen Sie mit passenden Wörtern aus dieser Liste die beiden Texte über die Pußta auf Seite 31.

Fit wie ein Staat

Früher ging man auf den Trimmpfad. Hinterher war man dann fit – oder auch foxi. In jedem Fall aber war das sportliche Training Privatsache. Öffentlich wurde die Anstrengung nur, wenn Richard von Weizsäcker sich das Goldene Sportabzeichen verdiente. Auch das Keuchen amerikanischer Präsidenten hörte man erst dann, wenn sie bei ihren Jogging-Runden fast zusammenbrachen.

Die Zeiten haben sich geändert. Jetzt machen sich Staatsoberhäupter nicht mehr zum Regieren fit, sondern Innenminister Kanther macht umgekehrt den Staat fit: „Wir brauchen den schlanken Staat, der mit großem Nachdruck fitgemacht wird für die Zukunft", hat er gesagt. Und viele andere sagen das auch. Nur: Wie macht man das, einen Staat fit?

Versteht sich das Bundeskabinett als Staat und geht geschlossen auf den Fit- neßparcours? Trifft sich eine interfraktionelle Abmagerungsrunde am Wolfgangsee? Oder werden künftig zwar die Diäten erhöht, aber sonst wird in Bonn strenge Diät gehalten?

Jedenfalls scheint es, als ob das Schönheitsideal aus der Werbung den aufgedunsenen Staat erreicht hat. Die Politiker haben die passende Formel gefunden, um auch noch so komplizierte Zusammenhänge auf ein Aufwärmprogramm im Aerobic-Studio zu reduzieren. Sämtliche Problemzonen werden behandelt: Am Ende haben wir ein „Lean Management", einen schlanken Staat und einen mageren Bundeskanzler.

Doch leider halten schon im Privatleben die wenigsten ihr Fitneßprogramm durch. Wer gar zu sehr leidet, läßt schließlich Fett absaugen. Aber fit wie ein Turnschuh ist man deswegen noch lange nicht.

sto

23 Der Text kritisiert einen bestimmten Sprachgebrauch. Welchen? Was hat der Verfasser an diesem Sprachgebrauch auszusetzen?

24 Der Text ist kritisch, teilweise witzig und relativ kurz. Wie nennt man solche Texte? Hilfe erhalten Sie in Kapitel D 3 und die Lösung im beiliegenden Lösungsheft.

25 Charakteristisch sind für diesen Text
- Wortspiele,
- eine Anspielung,
- Ironie, Spott.

Markieren Sie diese Erscheinungen im Text mit verschiedenen Farben.

26 Wie erscheint Ihnen der Sprachstil des Textes insgesamt? Gehen Sie die Liste der Wortpaare durch, kreuzen Sie die zutreffenden Eigenschaften an.

Gruppensprache

Irgendwann hatte ich keinen Bock mehr auf das Ganze. Ich hab immerhin drei Nachprüfungen gemacht, einmal wär ich beinah geflogen, einmal bin ich kleben geblieben. Und 'ne Zeitlang hab ich mir gedacht, ob nun Akademiker oder nicht, scheißegal; wenn ich irgendwie was machen will, dann mach ich es halt. Aber da war dann mein blöder Vater. Der hat schon in der Sexta gespottet: „Du? Raffst du nich, mit 15 gehst du ab, dann machste irgendwie 'ne Lehre, dann heiratest du, und dann is der Zauber vorbei. Von wegen deine Großkotzigkeit und deine schönen Reden, das einzige, was du kannst, ist reden, und das treiben die dir schon aus." Das hat mich immer unheimlich fertiggemacht, daß der Alte mir nie was zugetraut hat. Drum wollt ich ihm das einfach beweisen. Als mir das bewußt wurde, da hab ich zwar noch weniger Bock gehabt, aber da war ich schon zu weit drin in der Mühle und hab eben weitergemacht. Und jetzt, jetzt hab ich dieses dämliche Abi tatsächlich gekriegt; dabei wußte ich zwei Wochen vor Prüfungsbeginn noch nicht mal, ob ich überhaupt dran teilnehmen darf. Und als ich's hatte, hat der Alte gesagt: „Herzlichen Glückwunsch." Da hätt ich ihm beinahe eine reingetreten. Ich war so sauer: der ganze Mist, den ich mir da Jahre lang reingetan hab, und die ganzen Repressionen und meine ganze Kaputtheit. Ich hab in einem Halbjahr so viele Punkte gemacht wie sonst in zwei Halbjahren zusammen nicht, und danach hab ich den vollen Zusammenbruch gehabt. Bin nicht mehr hingegangen oder kaum noch. Hab nur noch dagesessen und gegibbelt. Hab effektiv nichts mehr gemacht.

Jene Sprachform des Deutschen, die kaum regionale, gruppentypische oder fachspezifische Besonderheiten aufweist, nennt man **Standardsprache** (andere Bezeichnungen: Gemeinsprache, Hochsprache, Hochdeutsch). Sie ist in der Regel die **Schriftsprache,** die Sprache der Fernsehnachrichten und der Zeitungsartikel, meist auch die Sprache der Lehrer im Unterricht. Die Standardsprache wird in Grammatiken beschrieben. Sie ist am besten geeignet, Verständigung über Gruppen, Fachgebiete und Dialekte hinweg zu gewährleisten.
In dem obenstehenden Auszug aus einem Interview mit einer Abiturientin kommt eine andere als die Standardsprache vor.

27 Wie hat die Schülerin ihre Schulzeit erlebt? Wie drückt sie ihre Erfahrungen und ihre Befindlichkeit aus? Notieren Sie Stichworte zu diesen Fragen. Unterstreichen Sie alle Wörter, die für das Mädchen charakteristisch sind.

Gruppensprache

Gesellschaftliche Gruppen schaffen sich zur Verständigung über ihren Lebensbereich eine spezifische Sprache: die Gruppensprache. Beispiele sind: Altersgruppen, Beschäftigungsgruppen wie Schüler, Pflegepersonal oder Soldaten, Freizeitgruppen, Vereine, Religionsgruppen. Die Gruppensprachen haben eine Doppelfunktion: Abgrenzung nach außen, Solidarisierung nach innen, manchmal auch Geheimsprache und Abzeichen der Zugehörigkeit.

Das vorherrschende Merkmal von Gruppensprachen ist ihr eigener Wortschatz (man sagt auch: ihr eigenes Lexikon). Dieser Wortschatz wird durch Bildung von Ersatzausdrücken zu den entsprechenden Wörtern der Standardsprache geschaffen; bei den Fachsprachen – siehe Seite 36 ff. – ist diese Beziehung anders.

Gruppensprache ist gefühlsbetont. Viele ihrer Ausdrücke, z. B. in der Schülersprache, sollen die Konventionen der Standardsprache bewußt verletzen. Darin äußert sich Auflehnung gegen gesellschaftliche Zwänge (Entlastungsfunktion der Sprache). Auch Familien entwickeln im Laufe ihres Zusammenlebens gruppensprachliche Wendungen.

MITESSER? PICKEL?

SCHWACHES BILD!

➤ Da müßt Ihr mal mit SULFODERM-Puder rangehen.
Denn da ist Schwefel drin. In feinster Verteilung. Und der geht unter
die Haut. Kleistert aber die Poren nicht zu. Räumt nur auf mit den
Unreinheiten. Wem SULFODERM-Puder zu sehr nach Kosmetik
vorkommt, der kann ja SULFODERM-Hautgel nehmen. Da ist genauso
Schwefel drin. Und es ist auch noch alkoholisch erfrischend.
SULFODERM gibt es in allen Fachgeschäften.
Den Puder für 2,50 DM. Das Hautgel für 3,80 DM

OKAY?

28 Markieren Sie die gruppensprachlichen Ausdrücke. Aus welcher Gruppe stammt diese Sprache? Warum verwendet der Verfasser Gruppensprache?

29 Auch im Satzbau ist der Verfasser von der Standardsprache abgewichen. In welcher Weise und warum?

30 Können Sie einen gruppensprachlichen Text schreiben? Versuchen Sie es!

Fachsprache

Die Börsen: Preussag legen deutlich zu

Aktienkurse gut behauptet/März brechen ein

Hannover (e). Nach dem Höhenflug vom Vortag haben die deutschen Aktienbörsen am Dienstag gut behauptet abgeschlossen. Der Deutsche Aktienindex (DAX) stieg bis zum Börsenschluß um 3,41 Punkte auf 2241,51 Punkte. Der weiter feste Dollar bestimmte die Märkte. Steigende Zinsen drückten die Kurse insgesamt etwas. Preussag legten bis zum Börsenschluß um 6,40 DM auf 420 DM zu. Zur Kasse waren sie sogar mit 421 DM gehandelt worden. Bremer Vulkan erholten sich um 1,60 DM auf 41,60 DM. Lufthansa büßten einen Teil der Vortagesgewinne ein und fielen um 4,80 DM auf 192,50 DM. Nach der Meldung über hohe Verluste im laufenden Geschäftsjahr brachen Gebrüder März um 11 DM auf 65 DM ein. Karstadt gingen mit 566 DM um 10,50 DM schwächer aus dem Markt.

Mit 2242 Punkten hielt sich der DAX nachbörslich gegen 16.00 Uhr knapp behauptet. Der Rentenmarkt zeigte sich uneinheitlich. Die Kassakurse von 137 öffentlichen Anleihen wurden um bis zu 19 Pfennig zurückgenommen. Die Umlaufrendite stieg auf 5,66 (Vortag 5,65) Prozent. Die Bundesbank verkaufte Papiere im Nennwert von 434,6 Millionen DM.

Ausländische Effekten
London: Leichter.
Paris: Schwach.
Zürich: Niedriger.
New York (Anfang): Schwächer.
Madrid: Nachgebend.
Tokio: Fester.

DAX	2241,51	(2238,10)
Commerzbk.-Index	2319,20	(2308,00)
Dow-Jones	5070,88	(5048,84)
Nikkei	18688,42	(18543,14)
REX	108,24	(108,29)

Alles verstanden? Oder sind Sie irritiert? Woran liegt es, daß der Text so viel „Widerstand leistet"? Es ist der Wortschatz, der uns wie aus einer anderen Welt stammend vorkommt. Dabei ist diese „andere Welt" nur das Wirtschaftsleben, speziell das Börsengeschehen, also ein Teil unserer Welt. Solche Texte stehen zwar in der Tageszeitung, sind aber offensichtlich nur für Fachleute, für Insider, bestimmt.

31 Unterstreichen Sie alle Ausdrücke, die Sie der Fachsprache des Börsenhandels und der Börsenberichterstattung zuordnen. Was überwiegt bei den Fachausdrücken: Fremdwörter oder deutsche Wörter?

32 Klären Sie für jeden der drei Texte auf Seite 37 folgende Fragen:
① Aus welchem Fachgebiet stammt der Text?
② Für wen hat das Thema Bedeutung? Wer liest den Text?
③ Welche Ausdrücke versteht ein Laie nicht ohne weiteres? Unterstreichen Sie.

33 Wählen Sie aus jedem Text einige Fachwörter aus, deren Bedeutung Sie in einem Wörterbuch nachschlagen.

A

Stereo-Vorverstärker
Dieser Vorverstärker bildet die Steuereinheit des Systems. Aufgrund seiner niedrigen Ausgangsimpedanz lassen sich beliebige Leistungsstufen daran anschließen, wobei der Klirrfaktor selbst bei einer Ausgangsspannung von 1 V nicht mehr meßbar ist.
Die Klangqualität wird auch von einem langen Verbindungskabel zwischen Vorverstärker und Leistungsendstufe in keiner Weise beeinträchtigt.

- Die Konzeption des Gerätes ist auf der Hochgeschwindigkeitsverstärkung aufgebaut.
- Die Leistungsdaten werden bis zum Anschluß des Verbindungskabels an die Leistungsendstufe garantiert eingehalten.
- Es sind zwei unabhängig voneinander arbeitende FET-Entzerreinrichtungen vorgesehen; einer dieser Entzerrer ist ein ICL-Hochleistungsverstärker für elektrodynamische Tonabnehmersysteme.

B

Zinken
Die solideste Eckverbindung ist die Zinkung. Durch Ineinandergreifen der „Zinken" und „Schwalbenschwänze" entsteht eine sehr haltbare Verbindung. Beide Teile dürfen nicht zu schräg sein, da sonst das kurze Holz der Schwalbenschwänze abspringt. Sie müssen ein gutes Maßverhältnis zueinander haben und unter sich gleichmäßig sein. […]
Vor dem Anreißen werden die Hirnkanten sauber bestoßen. Die Längen der Schwalben und Zinken werden mit dem auf die Holzdicke eingestellten Streichmaß angerissen. Mit der Absetzsäge werden zuerst die Zinken angeschnitten. Das Ausstemmen erfolgt mit einem scharfen Stecheisen. Um genau am Riß zu bleiben, schneidet man zweckmäßigerweise zunächst freihändig eine Kerbe ein. Zur Erzielung einer dichten, sauberen Zinkung und einer guten Leimung wird der Grund rechtwinklig ausgestemmt.
Nach dem Ausstemmen der Zinken werden mit dem Spitzbohrer die Schwalbenschwänze angerissen. Beim Anschneiden muß der Riß stehenbleiben.

C

Innere Differenzierung
Sie ist die wichtigste Form einer unterrichtsbezogenen Differenzierung. Der Klassenverband wird nicht aufgelöst, sondern auf Zeit gegliedert. Einzelarbeit, Partnerarbeit und Gruppenarbeit sind Formen innerer Differenzierung. Die Gruppen sind – je nach dem Ziel des Lernprozesses – heterogen oder homogen zusammengesetzt. Individuelle Förderung erfolgt durch Berücksichtigung der unterschiedlichen Lernausgangslage und Motivation, des individuellen Arbeitstempos, des Grades der Selbständigkeit des Lernens usw. Bei der Partner- und Gruppenarbeit werden neben individueller Fähigkeit kooperatives Verhalten und soziale Integration gefördert.

34 Wie ist in Text B das Vorherrschen von Passivsätzen zu begründen?

Schwierige Wörter sind meistens **Fachausdrücke** (Termini, Singular: Terminus). Schon ein Blick in die Zeitung an einem einzigen Tag liefert zahllose Beispiele: Unternehmensinsolvenzen, Preisspiegel, externes Modul, Einlagewert, Souveränitätsverzicht, Renationalisierung, Touchscreen-Monitor, Optionsscheine ... Diese Wörter stammen aus verschiedenen Fachgebieten; es sind keineswegs alles Fremdwörter. Niemand von uns kann alle Fachsprachen beherrschen, aber auf einzelnen Gebieten sind wir alle Fachleute – der eine kennt sich perfekt in der Unterhaltungselektronik aus, die andere beherrscht den Wortschatz im Umkreis des Computers, ein dritter kennt die Regelsprache des Fußballspiels, eine vierte kann in Umweltfragen kompetent mitreden, ein anderer weiß auf dem Gebiet der Mineralienkunde Bescheid. Und dann die Fachbegriffe aus den Unterrichtsfächern: Physik und Mathematik, Grammatik und Literaturwissenschaft, Politik und Kunst und so weiter.

Fachsprache
Infolge der Arbeitsteilung haben sich die Spezialisten in ihren Arbeitsbereichen ihre Fachsprachen geschaffen, von den Fischern und Bauern über die handwerklichen und industriellen Berufe bis zu den Dienstleistungen und den Wissenschaften.
Der Wortinhalt (die Bedeutung) von Fachausdrücken ist nicht so vage wie bei den Wörtern der Standardsprache, sondern genau und eindeutig – besonders streng definiert in den Wissenschaften. Der Wortschatz der Fachsprachen ist reich differenziert, weil alle Dinge, Eigenschaften und Vorgänge bezeichnet werden müssen, die im Fachgebiet wichtig sind, für Laien aber keine Bedeutung haben. (Der Tischler kennt mehr als zehn verschiedene Hobel.)
Den Fachleuten erleichtern die Fachsprachen eine präzise und rationelle Verständigung im jeweiligen Fachgebiet. Nach außen hin aber entsteht leicht eine Verständigungsbarriere; diese kann sogar gewollt sein, wenn die Experten unter sich bleiben oder unkontrollierbar Macht ausüben wollen.

Verständigungsprobleme können entstehen, wenn es darum geht, Laien über Inhalte eines Fachgebietes zu informieren. Dann bedarf es der sprachlichen **Vermittlung.** Der Text über Computer in Kapitel A 2 (Seite 10) ist ein gelungenes Beispiel. Wollte man den Text „Innere Differenzierung" auf Seite 37 für Laien verständlicher machen, könnte man ihn so umschreiben:

„Im allgemeinen verläuft der Unterricht in der bekannten Form, daß dem Lehrer auf der einen Seite die geschlossene Klasse auf der anderen gegenübersitzt. Hierbei können aber wichtige Ziele des Unterrichts nicht erreicht werden. Besser ist es, daß die Schüler öfter zu zweien oder mit mehreren in einer Gruppe bestimmte Aufgaben erledigen. In den Gruppen können entweder Schüler mit ähnlichen Fähigkeiten oder ganz unterschiedliche Schüler zusammenarbeiten und voneinander lernen. Diese Unterrichtsform nennen die Fachleute innere Differenzierung, weil es sich um eine Aufteilung innerhalb der Klasse handelt. Dabei kann der einzelne besser gefördert werden, man kann seine Fähigkeiten und seine Mitarbeit, sein Arbeitstempo und seine Selbständigkeit berücksichtigen. Die Schüler lernen auch, wie man gemeinsam eine Aufgabe anfaßt und löst, sie lernen einander besser verstehen und halten mehr zusammen."

35 Vergleichen Sie das Original (Fachsprache) mit der veränderten Fassung (Vermittlersprache). Wie wurde „übersetzt"? Gehen Sie Satz für Satz durch.

Wenn Sie einen Text zu analysieren haben, dessen Fachwortschatz Ihnen fremd ist, dann hängt es von der Aufgabe ab, ob es genügt, die Fachsprache und die durch sie entstehenden Verstehensschwierigkeiten nur zu **registrieren,** oder ob Sie den Text wirklich **verstehen** müssen. Trifft letzteres zu, kommen Sie nicht umhin, ein Wörterbuch zu Hilfe zu nehmen.

Rhetorik

Wer eine Rede hält, will bei den Zuhörern etwas bewirken: eine Stimmung erzeugen, zum Nachdenken anregen, das Verhalten beeinflussen oder ähnliches. Das wird bei politischen Reden ganz deutlich: Der Redner möchte erreichen, daß sich die Zuhörer in seinem Sinne verhalten, z. B. bei einer Wahl seiner Partei ihre Stimme geben.

Die **Rhetorik** (= Redekunst) hat eine lange Tradition; es gibt sie als Lehrfach seit der griechischen Antike im 5. Jahrhundert v. Chr. Besondere rhetorische Sprachmuster wurden entwickelt, die die Wirkung der Rede verstärken sollen: die **rhetorischen Figuren.** Erläuterungen dazu finden Sie in Kapitel D 2. Neben den rhetorischen Figuren sind es bestimmte **Redeweisen,** die der Rede zum Erfolg verhelfen sollen. Man findet sie besonders in politischen Reden:
- die Aufwertung,
- die Abwertung,
- die Beschwichtigung.

Aufwertung
- Der Redner hebt für ihn günstige Aspekte eines Sachverhalts hervor, ungünstige schwächt er ab oder verschweigt er.
- Der eigene Standpunkt und die eigene Gruppe erhalten positive Attribute und werden mit anerkannten Werten in Verbindung gebracht, z. B. Freiheit, Demokratie, Europa, Umwelt, Arbeitsplätze, Stabilität.
- Eigennützige Interessen und Ziele werden als uneigennützig ausgegeben: z. B. Lohnkosten senken, um den Standort Deutschland zu sichern; Kunststoff herstellen, um Rohstoffe zu schonen; durch Subventionen Arbeitsplätze erhalten.
- Man beruft sich auf Autoritäten wie berühmte Politiker oder Wissenschaftler oder gar auf die Bibel.

Abwertung
- Die ungünstige Seite einer Sache wird hervorgehoben, die günstige abgeschwächt oder verschwiegen.
- Der politische Gegner wird mit negativen Werten in Verbindung gebracht, etwa mit Inflation, Staatsverschuldung, Ideologie, Sozialabbau, Arbeitslosigkeit.
- Fehler des Gegners werden stark übertrieben.
- Gegnerische Zitate werden verzerrt, um sie leichter kritisieren zu können.

Beschwichtigung
- Man verweist auf Gemeinsamkeit: „Wir sitzen alle in einem Boot." „Wir sind alle eine Familie." „Wir haben doch alle das gleiche Ziel." „Wir müssen solidarisch zusammenhalten."
- Man spricht sich für ein „sowohl – als auch" oder ein „weder – noch" aus.
- Höhere Gewalt, ein unabwendbares Schicksal, EU-Recht, wirtschaftliche Notwendigkeiten werden verantwortlich gemacht.
- Allgemeine Weisheiten werden verkündet: „Irren ist menschlich." „Jeder einzelne kann etwas tun." „Der Staat sind wir alle."

Werbesprache

Nahezu diamantharte High-Tech-Keramik und Saphirglas verleihen der »Sintra« ewigen Glanz.

Eine RADO ist die faszinierende Verwirklichung einer revolutionären Idee. Der Idee, eine Uhr zu schaffen, die ewig schön ist. Ein glänzendes Beispiel dafür ist die RADO »Sintra« aus platinschimmernder High-Tech-Keramik, einem Werkstoff von nahezu diamantener Härte. Unbeschreiblich dabei, wie sich die »Sintra« kühl und zärtlich um das Handgelenk schmiegt. Aber dies sind nur einige der Geheimnisse, die eine RADO »Sintra« so kostbar machen. Denn jedes Detail einer RADO beruht auf der gleichen Konsequenz: höchste Vollendung durch einzigartige Materialqualität, aufwendige Verarbeitung und kompromißlose Ästhetik

36 Worüber möchten Sie, wenn Sie eine Armbanduhr kaufen wollen, informiert werden?

37 Woran erkennen Sie, daß es sich nur scheinbar um eine Beschreibung handelt, in Wirklichkeit aber um einen Werbetext? Welche Aussagen sind es, die den Leser beeindrucken sollen? Welche Sachangaben, die auch in einer Beschreibung stehen könnten, enthält der Text?

38 Welche Wörter sind Reizwörter, indem sie etwas Besonderes oder Wertvolles zum Ausdruck bringen? Was für ein Wesen ist die Uhr, wenn sie sich „zärtlich um das Handgelenk schmiegt"?

39 Wie sind die Satzlängen, was für Satzkonstruktionen kommen vor? Ist Satz 2 ein richtiger „Satz"?

Ein Abkömmling der Redekunst ist die Werbung. Die Wirtschaftswerbung will zum Kauf einer Ware oder einer Dienstleistung überreden. Werbecharakter haben aber auch Texte, mit denen dazu aufgerufen wird, etwas zu spenden, einer Vereinigung beizutreten oder etwas Bestimmtes zu tun oder zu lassen.

Helfen Sie durch Ihre Spende den Menschen in Bosnien!

Werden Sie Mitglied im Kinderschutzbund!

Brot statt Böller!

Sport wird erst schön im Verein.

Pflanzen Sie nur einheimische Gehölze in Ihren Garten!

In der Wirtschaftswerbung geht es meistens um ein bestimmtes Markenprodukt; geworben wird aber auch für eine Warenart (z. B. „Milch macht munter", „Ich rauche gern"), für eine Branche (z. B. Apotheken, das Handwerk, die LKW-Transport-Branche) oder für eine Firma. Schließlich gibt es noch die Sympathie- oder Image-Werbung, die die Einstellung in der Bevölkerung positiv beeinflussen soll (z. B. in bezug auf Atomkraftwerke oder Getränkedosen).
Je nach dem Werbezweck tritt die rationale **Argumentation** oder der **Appell** in den Vordergrund, letzterer in offener oder verschleierter Form. Halbwahrheiten, Verharmlosungen, Übertreibungen und leere Behauptungen leisten gute Dienste, wo nicht der Verstand, sondern der Trieb angesprochen wird. Man schmeichelt dem potentiellen Käufer, er sei klug, clever, qualitätsbewußt, gesundheitsbewußt, modebewußt, er könne rechnen, sei ein Kenner, ein Genießer, für Neues aufgeschlossen.
Eins der wichtigsten Werbemittel ist der **Slogan**, ein Leitspruch als Kernpunkt jedes Werbetextes. Er prägt sich ein, nicht zuletzt durch ständige Wiederholung, und steuert das Bewußtsein der Leser.
Beispiele:
„Die Kraft der zwei Herzen" (angebliches Stärkungsmittel),
„Neckermann macht's möglich!"

Da Werbetexte ähnlichen Zwecken dienen wie Redetexte, gibt es auch weitgehende Übereinstimmung in der Verwendung sprachlicher Mittel.

☞ Bei der **Wortwahl** und **Wortfügung** sind es hauptsächlich diese:
- Superlative und Übertreibungen
 („Das beste Persil, das es je gab"; tollste Farben, Spitzenleistung, Superpreise)
- emotionale Ausdrücke
 (sanft, kostbar, hautsympathisch, Traumküche)
- Anredeformen
 („Rufen Sie uns an!" „Lassen Sie sich verführen!")
- Wiederholung
 (Markennamen werden wörtlich wiederholt, sonst Variation)
- Wortneubildungen
 („Prüfsiegelfleisch")
- Wörter von hohem Rang, Reizwörter
 (Ferne, Gesundheit, Glück, Natur, Paradies, Abenteuer, Fortschritt, neu)
- Fremdwörter
 (cool, clever, Mon Cheri, Welcome, Test the West, High-tech, Design)
- Alliteration
 (siehe Kapitel D 2)
- Wortspiel
 (desgl.)
- Personifizierung
 (desgl.)

☞ Beim **Satzbau** stehen folgende Erscheinungen im Vordergrund (vergleichen Sie auch Seite 81 ff.):
- Ellipse
 (Sätze werden grammatisch verkürzt; einzelne Wörter werden ausgelassen, die der Leser in Gedanken ergänzt: „Jetzt mehr Geld vom Staat.")
- Anapher
 (Am Anfang benachbarter Sätze oder Satzteile werden Wörter wiederholt: „Sie sparen …, Sie bekommen …, Sie werden …")
- Trikolon
 (Eine Äußerung enthält eine Dreiergruppe, d. h. drei gleichartige aufeinanderfolgende Glieder: „Richtig mauern, betonieren, verputzen.")
- Klimax
 (Die Ausdrücke einer Aufzählung folgen dem Prinzip der Steigerung: „Mitspielen und gewinnen." „Das wird Wochen oder Monate dauern, vielleicht sogar Jahre.")

40 Suchen Sie in Texten Ihrer Umgebung (Zeitung, Zeitschriften, Plakaten, Prospekten) jeweils mindestens ein Beispiel für jedes dieser sprachlichen Mittel.

6. Textfunktion und Textsorte bestimmen

41 Lesen Sie die folgenden, thematisch verwandten Texte, und machen Sie sich die grundlegenden Unterschiede klar:
① Was wird, im ganzen gesehen, im Text mitgeteilt?
② In welcher Weise wird es mitgeteilt, welche Darstellungsform prägt im wesentlichen den Text?
③ Welche Mitteilungsabsicht hat der Verfasser bzw. die Verfasserin?
④ Was können Leser mit den Texten jeweils anfangen?
Beantworten Sie die Fragen nacheinander für jeden einzelnen Text.

A

Liebe, Sammelbegriff einer Vielfalt menschlicher Gefühlsbindungen, denen die rational nur unvollständig begründbare Wertbejahung eines Objektes zugrunde liegt. Die personbezogene Liebe besteht als Geschlechtsliebe zwischen Partnern, in Form der verwandtschaftlichen Liebe als Elternliebe, Kindes- oder Geschwisterliebe und als Liebe zum Stamm, zum Volk und zur Menschheit. Objekte gegenstandsbezogener Liebe können konkrete Dinge (Geld, Besitz) wie auch abstrakte Werte (Wahrheit, Freiheit) sein.
Liebe wird erlebt als ein die eigenen Belange überschreitendes Hinstreben nach wirklicher oder ideeller Vereinigung mit dem Gegenstand. In der Geschlechtsliebe äußert sich dies als das Ergreifen und das Ergriffenwerden von der Person des geliebten Menschen in geistiger, seelischer und sinnlich-leiblicher Form.

B

> **ICH MÖCHTE MICH VERLIEBEN**
> Ich möchte gerne mit Ihnen über alles reden können, was mich bewegt, Zärtlichkeit erleben und Vertrauen, mich streiten können und wieder versöhnen, Neues kennenlernen. Ich mag Tanzen, Reisen, Literatur, Theater, Frankreich, mediterrane Lebensart, gute Gespräche, Freunde. Sie stelle ich mir so vor: fröhlich, offen, zärtlich, großzügig, selbständig mit Respekt für meine Persönlichkeit. Sie können Ihre Gefühle zeigen, Wärme und Geborgenheit geben. Sie sollten auch mal so angezogen sein, daß wir uns zusammen an den Straßenrand setzen können. Ich bin 42 J., Akad., finanz. unabh. und habe 2 Kinder (11, 13 J.). Ich lebe im Raum Köln/Bonn.
> DIE ZEIT, 20079 Hamburg

C

Ich kam ein paar Minuten zu spät zum Bahnhof, und während ich den Groschen in den Automaten für die Bahnsteigkarte warf, versuchte ich, mich an das Mädchen zu erinnern, das damals „Suweija" gesungen hatte, als ich die neusprachlichen Arbeitshefte durch den dunklen Flur in Mullers Zimmer trug. Ich stellte mich an die Treppe zum Bahnsteig und dachte: blond, zwanzig Jahre, kommt in die Stadt, um Lehrerin zu werden; als ich die Leute, die an mir vorübergingen, musterte, schien es mir, als sei die Welt voller blonder zwanzigjähriger Mädchen – so viele kamen von diesem Zug her, und sie alle hatten Koffer in der Hand und sahen aus, als kämen sie in die Stadt, um Lehrerin zu werden. Ich war zu müde, um eine von ihnen anzusprechen, steckte eine Zigarette an und ging auf die andere Seite des Aufgangs, und ich sah, daß hinter dem Geländer ein Mädchen auf einem Koffer hockte, ein Mädchen, das die ganze Zeit über hinter mir gesessen haben mußte: sie hatte dunkles Haar, und ihr Mantel war so grün wie Gras, das in einer warmen Regennacht geschossen ist, er war so grün, daß mir schien, er müsse nach Gras riechen; ihr Haar war dunkel, wie Schieferdächer nach einem Regen sind, ihr Gesicht weiß, fast grellweiß wie frische Tünche, durch die es ockerfarben schimmerte. Ich dachte, sie sei geschminkt, aber sie war es nicht. – Ich sah nur diesen grellgrünen Mantel, sah dieses Gesicht, und ich hatte plötzlich Angst, jene Angst, die Entdecker empfinden, wenn sie das neue Land betreten haben, wissend, daß eine andere Expedition unterwegs ist, die vielleicht die Flagge schon gesteckt, schon Besitz ergriffen hat; Entdecker, die fürchten müssen, die Qual der langen Reise, alle Strapazen, das Spiel auf Leben und Tod könnten umsonst gewesen sein.

Dieses Gesicht ging tief in mich hinein, drang durch mich hindurch wie ein Prägstock, der statt auf Silberbarren auf Wachs stößt, und es war, als würde ich durchbohrt, ohne zu bluten, ich hatte für einen wahnsinnigen Augenblick lang den Wunsch, dieses Gesicht zu zerstören, wie der Maler den Stein, von dem er nur einen einzigen Abdruck genommen hat.

D

Verkohlte Leichen eines Liebespaares entdeckt

Weil (dpa). Die stark verkohlten Leichen eines mutmaßlichen jungen Liebespaares aus der Schweiz haben Feuerwehrbeamte in einem abgebrannten Schuppen in Weil am Rhein entdeckt. Wie die Polizei mitteilte, wird vermutet, daß es sich bei den noch nicht identifizierten Toten um ein 14jähriges Mädchen und einen 19 Jahre alten Studenten handelt, die seit Sonntag in Basel vermißt gemeldet sind. Die Ermittlungsbehörden nehmen an, daß das Paar den Schuppen in Brand setzte, um sich das Leben zu nehmen. Die beiden jungen Leute hinterließen einen Abschiedsbrief sowie den Text für eine Todesanzeige und den Entwurf für einen Grabstein.

E

Conrad Ferdinand Meyer
Zwei Segel

Zwei Segel erhellend
Die tiefblaue Bucht!
Zwei Segel sich schwellend
Zu ruhiger Flucht!

Wie eins in den Winden
Sich wölbt und bewegt,
Wird auch das Empfinden
Des andern erregt.

Begehrt eins zu hasten,
Das andre geht schnell,
Verlangt eins zu rasten,
Ruht auch sein Gesell.

F

„Verliebtheit" ist in ihren Anfängen nichts als dies: ein anomales Verweilen der Aufmerksamkeit auf einem anderen Menschen. Weiß dieser seine privilegierte Lage zu nutzen und eine solche Bindung klug zu nähren, so rollt das übrige unaufhaltsam wie ein Mechanismus ab. Er wird immer weiter vor die Reihe der anderen, der Gleichgültigen, hinausrücken und immer mehr Raum in der gebannten Seele einnehmen, die den Blick von diesem Bevorzugten nicht mehr abzuwenden vermag. Die anderen Menschen und Dinge werden allmählich aus ihrem Bewußtsein verdrängt. Wo die Verliebte sich immer befindet, welches auch ihre scheinbare Beschäftigung ist, ihre Gedanken werden vermöge ihrer eigenen Schwere auf jenen Mann zufallen. Und umgekehrt kostet es sie große Gewalt, ihre Aufmerksamkeit einen Augenblick aus dieser Richtung herauszureißen und auf die Bedürfnisse des Lebens zu richten.

Neben den Unterschieden im einzelnen haben die Texte übergeordnete Merkmale, die eine Zusammenfassung in zwei Gruppen nahelegen:
a) Texte mit Aussagen über Fakten, über prinzipiell nachprüfbare Tatsachen; sie sind für praktische Zwecke bestimmt; Leser können den Texten Informationen entnehmen.
b) Texte ohne Anspruch auf Faktizität; man liest sie nicht zur Gewinnung von Sachkenntnis, sondern zum inneren Nachvollzug, zur emotionalen Bewegtheit und menschlichen Bereicherung.

42 Ordnen Sie die sechs Texte den beiden Gruppen zu, und begründen Sie Ihre Entscheidung kurz.

a) _____

_____

_____

_____

_____

b) _____

_____

_____

_____

_____

Diese Gruppierung ist ein grundlegendes Hilfsmittel im Umgang mit Texten; sie spielt in der Publizistik, im Literaturbetrieb, in Bibliotheken und in textbezogenen Wissenschaften eine wichtige Rolle. Auch Bücherlisten sind oft so angelegt.

BESTSELLER

BELLETRISTIK

1. **Evans: Der Pferdeflüsterer** (1)
   C. Bertelsmann; 44,80 Mark
2. **Gordon: Die Erben des Medicus** (2)
   Droemer; 44 Mark
3. **Gaarder: Sofies Welt** (3)
   Hanser; 39,80 Mark
4. **Pilcher: Heimkehr** (5)
   Wunderlich; 49,80 Mark
5. **Crichton: The Lost World – Vergessene Welt** (6)
   Droemer; 45 Mark

SACHBÜCHER

1. **Ehrhardt: Gute Mädchen kommen in den Himmel, böse überall hin** (1)
   W. Krüger; 32 Mark
2. **Carnegie: Sorge dich nicht, lebe!** (2)
   Scherz; 44 Mark
3. **Paungger/Poppe: Vom richtigen Zeitpunkt** (3)
   Hugendubel; 29,80 Mark
4. **Bednarz: Fernes nahes Land** (5)
   Hoffmann und Campe; 39,80 Mark
5. **Kelder: Die Fünf „Tibeter"** (4)
   Integral; 19,80 Mark

43 Schlagen Sie in einem Lexikon oder Wörterbuch das Stichwort „Belletristik" nach.

Für die beiden Textgruppen werden verschiedene Bezeichnungen verwendet, die jeweils einen anderen Aspekt in den Vordergrund stellen. **Belletristische Texte** nennt man auch

literarische Texte   _____

fiktionale Texte   _____

dichterische Texte   _____

ästhetische Texte   _____

44 Machen Sie sich, evtl. mit Hilfe eines Wörterbuches, klar, was die Adjektive besagen. Schreiben Sie dazu kurze Notizen hinter die Begriffe.

Benutzen Sie aber im Unterricht den dort eingeführten Begriff.

Den Sachbüchern der Bestsellerliste entsprechen die **Sachtexte**. Auch für sie sind verschiedene Bezeichnungen in Gebrauch, z. B. diese:

Gebrauchstexte   _____

nichtfiktionale Texte   _____

pragmatische Texte   _____

expositorische Texte   _____

45 Notieren Sie auch hier knappe Erklärungen.

Jetzt haben Sie passende Bezeichnungen für die beiden Textgruppen auf Seite 46: **a)** Sachtexte, **b)** belletristische Texte. Zu beiden Gruppen kennen Sie sicher eine Reihe von Textarten, z. B. Bericht, Novelle, Kommentar, Komödie, Abhandlung ...
In der Belletristik spricht man von **Gattungen,** bei den Sachtexten von **Textsorten.**

46 Sammeln Sie möglichst viele Gattungen und Textsorten, und tragen Sie sie in diese graphische Übersicht ein.

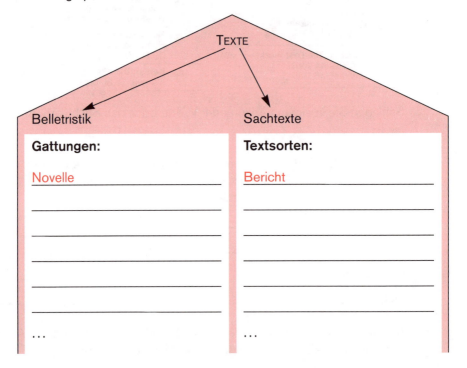

Da sich dieses Buch auf Sachtexte konzentriert, werden jetzt die Gattungen beiseite gelassen und die Textsorten genauer betrachtet.

☞ Der Sprachwissenschaftler Karl Bühler hat die verschiedenen Funktionen der Sprache auf drei **Grundfunktionen** zurückgeführt: Ausdruck, Appell und Darstellung. Den Grundfunktionen entsprechen die folgenden **Texttypen**:
1. Texte, die in erster Linie Eindrücke, Gefühle, Überzeugungen des Sprechers wiedergeben (Ausdruck).
2. Texte, die in erster Linie an andere appellieren, die etwas bewirken, Handlung auslösen wollen (Appell).
3. Texte, die in erster Linie am Gegenstand orientiert sind, die Wirklichkeit objektiv darstellen (Darstellung).

B 6. Textfunktion und Textsorte bestimmen

Auf dieser Grundlage lassen sich die vielen Textsorten annähernd in ein überschaubares Ordnungssystem bringen, und zwar im Hinblick auf die Textfunktion.

47 Verteilen Sie die hier aufgezählten Textsorten auf die drei Texttypen.

Bericht
Werbetext (Reklame)
Beschreibung
Partnersuchanzeige
Gebrauchsanleitung
SOS-Funkspruch
Protokoll
Erörterung
Spendenaufruf
Lexikontext
Lobrede (Laudatio)
Reportage
Kommentar
Glosse
Liebesbrief
Rezension
Abhandlung
Essay
Danksagung

1. Texte mit vorherrschender Ausdrucksfunktion

___

___

___

2. Texte mit vorherrschender Appellfunktion

___

___

___

3. Texte mit vorherrschender Darstellungsfunktion

___

___

___

Diese Einteilung orientiert sich an den drei Grundfunktionen der Sprache. Beim einzelnen Text muß man genauer hinsehen: Welchem Zweck dient der Text in einer konkreten **Kommunikationssituation**? Welche **Intention** hat der Verfasser? Was will er erreichen? Will er
- allein Informationen vermitteln, ganz sachlich, wie z. B. bei einem Lehrbuchtext?
- das Bewußtsein der Leser, ihre Einstellung zu einem Thema beeinflussen (festigen, verstärken oder verändern)?

- Denkanstöße geben, zu selbständigem Weiterdenken und Urteilen anregen?
- auf das Verhalten der Leser einwirken, z. B. bei politischen Entscheidungen oder im Konsumbereich?
- unmittelbar zum Handeln aufrufen, etwa an einer Demonstration, einer Spendenaktion oder einem Boykott teilzunehmen?

Manchmal liegen die Antworten auf diese Fragen auf der Hand, manchmal muß man erst den Inhalt und die Sprache, evtl. auch die Struktur gründlich untersuchen.

☞ Ob ein Text tatsächlich die beabsichtigte **Wirkung** erzielt, hängt allerdings nicht nur von der Intention und den stilistisch-rhetorischen Fähigkeiten des Autors oder der Autorin ab. Denn auf der anderen Seite steht ja der **Leser** bzw. die **Leserin**, der oder die auf einen Text ganz individuell reagieren kann. Leser können kritisch oder unkritisch, mehr oder weniger intelligent, mehr oder weniger sachkundig sein. Sie können die Absicht des Autors durchschauen oder ihm naiv Glauben schenken. Sie können mehr oder weniger kompetent sein im Umgang mit Sachtexten. Die Reaktion hängt außerdem in hohem Maße von der Situation, den Interessen, Einstellungen und Erwartungen des Lesers ab.

Dazu ein Beispiel: Gegen Ende des Zweiten Weltkrieges rief der NSDAP-Gauleiter die Bevölkerung einer Stadt zum fanatischen Widerstand gegen die heranrückenden amerikanischen Truppen auf. Der Aufruf war mit großer rhetorischer Raffinesse abgefaßt; dem Feind wurden die schlimmsten Greueltaten zugeschrieben. Trotzdem rührte sich keine Hand, die Stadt wurde kampflos übergeben. Fazit: Die Leser schätzten die Lage anders ein, als sie der Gauleiter beschrieb, und sie hatten andere Interessen, als der Gauleiter ihnen einreden wollte.

Sie haben nun im Gestrüpp der Textfunktionen und Textsorten einen gewissen Durchblick gewonnen. Aber nicht alle der genannten Textsorten werden Ihnen ganz vertraut sein. Deshalb finden Sie einen Überblick über die wichtigsten Textsorten in Kapitel D 3 ab Seite 89.

48 Lesen Sie dort die Erklärungen zu diesen Textsorten: Abhandlung, Erörterung, Essay, Glosse, Kommentar, Rezension.

49 Zum Abschluß dieses Kapitels können Sie nun erproben, ob Sie die beschriebenen Textsorten erkennen. Geben Sie zu jedem Beispiel zunächst an, welche **Grundfunktion** vorherrscht, also welcher **Texttyp** es ist. Wo Sie eine Mischform erkennen, nennen Sie eine weitere Grundfunktion.
Sodann geben Sie die **Textsorte** an. Markieren Sie in den Texten entscheidende Stellen, auf die sich Ihre Zuordnung stützt.

Beispiel: Angenommen, es wäre eine Autoreklame unter den Texten, die auch technische Informationen enthält, dann müßten Sie schreiben:

> GRUNDFUNKTION:
> Appell und Darstellung
> TEXTSORTE:
> Werbetext

A

Ratten und Gestank, Nepp und Korruption, „zerkochte Spaghetti" und „künstlerische Gleichgültigkeit" – der deutsch schreibende Chilene Gaston Salvatore, einst Apo-Revoluzzer in Berlin, skizziert ein Venedig, wie es nicht im TUI-Katalog steht. Doch sein „Insider-Lexikon", prall gefüllt mit inlandläufigen Informationen, Geschichtskenntnissen und Gesellschaftsanekdoten (Party bei Peggy Guggenheim, Überschwemmung bei Enzensberger), gedeiht Zeile für Zeile zu einer amüsanten Liebeserklärung an und Einladung in die verfallende, versinkende Stadt.
Gaston Salvatore: „Venedig". C. H. Beck, München; 108 Seiten; 16,80 Mark.

B

Hungerleider

Daß der Sohn der dänischen Königin in die weite Welt zog und dort, im fernen Hongkong, eine Prinzessin fand, ist endlich mal eine gute Nachricht. Und weil die Dänen gute Menschen sind, sind sie nun ganz erpicht darauf, ihr Scherflein zum jungen Glück beizutragen. Und was brauchen ein blaublütiger Bräutigam und seine Braut am dringlichsten? Geld natürlich und Geschenke. Denn wer kann schon von der lumpigen halben Million Mark leben, die der Staat in die Familienkasse spuckt. Ein wahres Hungerleiderdasein also für einen Twen mit Partnerin.

Die weichherzigen Skandinavier wissen eben, wer die wahrhaft Bedürftigen sind. In Schweden zum Beispiel startet der Staranwalt Henning Sjöström ebenfalls eine Sammlung. Björn Borg heißt der Arme, der aller Mitleid verdient: Denn von den Millionen, die der Tennisheld einst erspielte, ist ihm nichts geblieben als ein Berg von Schulden. Wie sagt Sjöström? „Björn hat uns so viele schöne Stunden geschenkt. Wer ihm jetzt mit ein paar Millionen hilft, zahlt nur eine Schuld zurück."

Das ist schön gesagt und sollte auch uns zu denken geben. Wir könnten doch auch die Sammelbüchse nehmen und die lausigen Millionen für die Grafsche Steuerschuld zusammenschnorren, statt unsere Steffi ins Gefängnis zu stecken.

HANNES GAMILLSCHEG

C

In der Geschichte des Lebens auf der Erde stellt das Auftreten der Bäume ein wichtiges Ereignis dar, durch das sich viel Neues und eine Unzahl von Arten und Gattungen entwickeln konnte. Tiere und Pflanzen begannen zu klettern. Viele besitzen Zangen oder Haken, mit Hilfe derer sie sich festhalten können. Manche Tiere lernten zu gleiten, zu flattern und schließlich zu fliegen.

Sicher ist, daß alle diese neuen Tierarten das saftige Fleisch der Früchte oder die fetthaltigen Samenkörner, das tote oder lebende Holz konsumieren. Bevor es Bäume und Sträucher gab, spielten Meeresalgen und einige Pflanzen auf dem Festland eine wichtige Rolle für die Ernährung, aber erst die Bäume schufen einen Überfluß an lebender Materie und damit reiche Nahrung für eine Vielzahl von neuen Arten. Alle Pflanzenfresser sind Beute für die Fleischfresser. Um welche Tiere es sich auch handeln mag, sie leben von abgestorbenen Pflanzen oder dem Aas anderer Tiere. Ohne grüne Pflanzen gäbe es keine Gazellen, ohne Gazellen keine Löwen.

Die Bäume sind ein wichtiger Luftfilter. Sie absorbieren Staub und Mikroben. In einem großen Kaufhaus einer europäischen Großstadt kann man etwa 4 Millionen Bakterien pro m^3 Luft feststellen. In einer Hauptgeschäftsstraße findet man 575 000, in einem städtischen Park 1000, in einem Wald 50 bis 55 pro m^3. Da die Bäume die Bakterien zum Teil absor-

bieren, ist es von größter Wichtigkeit, den Baumbestand in unseren Städten als Luftfilter und Sauerstofflieferanten unbedingt zu erhalten, besser wäre es noch, den Bestand zu vergrößern. Bis vor wenigen Jahren fielen Bäume, Parks und Alleen dem Straßenbau rücksichtslos zum Opfer. Heute hat man die Bedeutung der Bäume und Sträucher für die Städte erkannt und versucht, sie als grüne Lungen zu erhalten.

Man sagt, ein Mensch, der einen einzigen Baum gepflanzt hat, hätte sein Leben nicht vertan. Schon drei Bäume genügen, um ihn mit soviel Sauerstoff zu versorgen, wie er während eines 75jährigen Lebens zum Atmen benötigt.

D

Bildschirmspiele – mehr Schaden als Nutzen?
Diese Frage dürfte wohl jeden interessieren, denn fast 50 % der Bevölkerung arbeiten oder spielen mit Computern. Entweder sind es EDV-Fachkräfte, die damit ihren Lebensunterhalt verdienen, oder einfach nur Kinder und Jugendliche, die durch die Videospiele vor den Bildschirm gezogen werden. Aber wer denkt schon im ersten Moment über die Auswirkungen solcher Videospiele nach? Egal ob sie positiv oder negativ sind? Jugendschützer und die Computerindustrie vertreten dabei natürlich unterschiedliche Standpunkte. […]

E

In Frage steht also die Studierfähigkeit der Abiturienten. Fraglich ist aber auch, wie sie festgestellt werden kann. Die von den Hochschulrektoren geforderten Eingangsprüfungen sind dafür denkbar ungeeignet. Denn sie liefern nur Momentaufnahmen des Faktenwissens, lassen aber kaum Rückschlüsse auf analytische Fähigkeiten der Prüflinge zu. Die Kultusministerkonferenz hat sogar gerade für die Abschaffung der Eingangsprüfungen bei Medizinstudenten plädiert, weil dabei meist nur die Abiturnoten bestätigt werden. Besser als kurze Vorabtests wären ausführlichere Zwischenprüfungen. Sie sollten zugleich als Abschluß eines Kurzstudiums gelten und so auch Ausgesonderten neue Chancen auf dem Arbeitsmarkt eröffnen.

Reifeprüfung auf den Prüfstand

Vor allem aber muß die Reifeprüfung selbst auf den Prüfstand, um jene Mängel abzustellen, die durch verfrühte Spezialisierung im Oberstufen-Kurssystem entstehen. Den Kultusministern, die gerade die Oberstufenreform diskutieren, sollte die Kritik der Hochschulrektoren zu denken geben. Sie müssen dafür sorgen, daß das Kurssystem nicht dazu mißbraucht wird, schwierige, aber wichtige Fächer abzuwählen.

Aber auch die Oberschulen müssen die Klagen der Hochschulen ernst nehmen. Statt stolz darauf zu verweisen, daß Leistungskurse bisweilen den Charakter von Universitätsseminaren hätten, sollten sie auf universelle Bildung setzen. Nur so können sie im Nebeneinander vieler Wege zu akademischen Weihen auf die Dauer erfolgreich konkurrieren.

Die Gymnasien werden sich dabei nicht wieder in Elitenanstalten alter Prägung verwandeln. Aber die passen ja auch eher zum Honoratiorenstaat von einst als in unsere heutige Gesellschaft, die es sich immer weniger leisten kann, in der Jugend erworbene Bildungszertifikate mit lebenslangen Privilegien zu belohnen.

F

Die kranke Stadt

Wie soll man die Krankheit einer Stadt beschreiben? Ein heller Tag zieht herauf, ein Morgen Anfang Mai mit der Pracht des Juni. Die Straßen sind kühl, die Gebäude haben sich aus dem Schatten herausgeschält. Kinderstimmen zerbrechen die Stille. Es ist, als habe die Umgebung unter dem Leichentuch der Vergangenheit geschlafen. Vierzig Jahre früher ... man erinnert sich an den Milchmann, Pferdegetrappel. Es ist ein herrlicher Tag. Alle reden auf dem Weg zur Arbeit über diesen zauberhaften Tag. An solchem Morgen kann man sich nur schwerlich vorstellen, daß New York das Opfer einer „Äthernarkose" ist.

Doch am Nachmittag verwandelt sich die Stadt wieder in ein Gefängnis. Dunst bedeckt den Himmel, ein grauenvoller, formloser Schimmer flammt vom Horizont herüber. Die Stadt hat ihr Gleichgewicht wieder verloren. Nach Arbeitsschluß drängen sich die New Yorker auf dem Nachhauseweg durch die ätzende, lungenverseuchende Luft, in der Subway meidet man die Blicke der anderen. Später, gegen Mitternacht, will man hinunter, um die Times zu kaufen, zögert jedoch – in der Dunkelheit kehrt das bekannte Gefühl der Angst zurück, die Straßen sind nicht sicher, die Vorahnung irgendeines apokalyptischen Feuers, einer Nacht der langen Messer, lastet auf der City.

(Die Texte C bis F sind jeweils Teile eines längeren Textes.)

7. Was „zwischen den Zeilen" steht

50 Lesen Sie noch einmal den kurzen Brief, den „Tobi" an „Mike" geschickt hat, in Kapitel A 3 (Seite 11). Warum hat Tobias geschrieben, daß Leonie auch komme? Steht nicht hinter diesem Satz ein unausgesprochener Gedanke, den Michael versteht, weil er „zwischen den Zeilen" lesen kann?

Oft bleibt in sprachlichen Äußerungen etwas unausgesprochen. Dafür kann es verschiedene Gründe geben; es kann ohne Absicht oder absichtsvoll geschehen. Problematisch oder gar gefährlich wird es, wenn der Schreiber oder Redner dies Mittel einsetzt, um die Leser bzw. Zuhörer zu beeinflussen, ohne daß sie es merken.
Eine Zeitungsmeldung informiert:

> Der französische Frachter „Auvergne" (5907 BRT) sank gestern rund 100 Seemeilen südlich der Kanarischen Inseln, nachdem im Maschinenraum Feuer ausgebrochen war und sich rasch ausgebreitet hatte, wie die Marinestation in Las Palmas meldete. Der spanische Frachter „Campo Grande" nahm die 28 Besatzungsmitglieder an Bord.

Die Meldung ist so knapp und nüchtern abgefaßt, daß die Dramatik, die Schrecken und die Todesängste der Matrosen völlig ausgeblendet sind. Durch Abstraktion werden die Fakten sauber präpariert; so verflüchtigt sich die Wirklichkeit. In der Meldung gibt es keine mit den Wellen kämpfenden Menschen, keine nassen Kleider, kein Wasserschlucken, keine Verletzungen, keine Erschöpfung, keine Hilferufe ... Doch die Zeitungsredaktion verfolgt damit keine bösen Absichten, sie hat eine ganz normale Meldung verfaßt. In die Wirklichkeit, die darin verborgen ist, müssen wir Leser uns selbst hineindenken und hineinfühlen.

Gruß an die Männer vom Bau
Ihr harret in der Kälte aus. Eure Körper sind Wind und Wetter ausgesetzt. Erbarmungslos brennt die Sonne auf eure Köpfe nieder, und heiß rinnt der Schweiß von euren Stirnen. Mit sehniger Faust schwingt ihr den Pickel, schiebt schwere Karren, tragt auf gebeugtem Rücken die schwere Last des Zements, schichtet sorgfältig Stein auf Stein und habt wohl acht, daß eure Wände im Lote stehen.
Hart ist euer Tagewerk – aber es ist schön! Nie würdet ihr mit jenen tauschen, die nur den Griffel heben müssen, aber dazu verdammt sind, ihr ganzes Leben hinter geschlossenen Mauern zuzubringen. Nie streift ein Windstoß ihre Stirn, nie trifft sie ein Sonnenstrahl.
Im letzten Jahr habt ihr Männer vom Bau wieder viele Tausende von Wohnungen hergestellt. Allein in den fünf größten Städten unseres Landes waren es 7364 Einheiten. Ihr habt

den industriellen Bau vorangetrieben, 9,34 Millionen Kubikmeter neuen Fabrikraums geschaffen. Es ist großartig, was ihr wieder gearbeitet habt, damit wir einen geschützten Ort haben, an dem wir unser Haupt niederlegen können, und eine Stätte, an der wir Brot und Nahrung finden.
Männer vom Bau, wir danken euch!

51 Untersuchen Sie den Text unter folgenden Gesichtspunkten:
① Was tun die Bauhandwerker, wie wird ihre Arbeit beschrieben?
② Wie sieht demgegenüber die Arbeit der anderen aus, mit denen die Maurer angeblich nicht tauschen würden?
③ Welche Ausdrücke erscheinen Ihnen altertümlich? Welche Wirkung geht von ihnen aus?
④ Welche sprachlichen Mittel schmücken den Text, machen ihn „wertvoll"?
⑤ Es wird gesagt, der Text solle „Gruß" und „Dank" übermitteln. Doch Inhalt und Sprache wecken den Verdacht, daß etwas anderes dahintersteht. Was könnte es sein?
⑥ Versuchen Sie, den Text mit dem Begriff „Ideologie" zu durchschauen und zu erklären. Schlagen Sie in einem Lexikon oder Wörterbuch nach, am besten in mehreren.

52 Die folgende Anzeige des „Verbandes Kunststofferzeugende Industrie e.V." erscheint im Gewand einer Sachinformation. Wer aber „zwischen den Zeilen" zu lesen versteht, macht interessante Beobachtungen.
① Besorgen Sie sich andere Veröffentlichungen zum Thema „Kunststoff und Umwelt", z. B. von einer Umweltschutzorganisation, und vergleichen Sie.
② Die Anzeige ist als Sachinformation ausgegeben. Wird der Leser hinreichend und objektiv informiert? Formulieren Sie Fragen, die der Text nicht beantwortet.
③ Stellen Sie Ausdrücke zusammen, die den Text aufwerten, ihm Akzeptanz verschaffen sollen.
④ Warum hat der Industrieverband diese Anzeige aufgegeben, was soll sie bewirken?
⑤ Ziehen Sie zur Einschätzung des Textes auch hier (wie bei Aufgabe 51) den Ideologiebegriff heran.

Kunststoff reserviert Ressourcen für die Zukunft

Kunststoffe sind ein wichtiger Teil des nachhaltigen Wirtschaftens. Sie sichern langfristigen Nutzen bei minimalem Ölverbrauch.

Kunststoffe: Werkstoffe mit eingebautem Ressourcenschutz. Weniger als 5 % des in Deutschland verbrauchten Öls werden für die Herstellung von Kunststoffprodukten eingesetzt. Und von diesen Produkten sind über 65 % besonders langlebig: Sie sind viele Jahre nutzbar – ob in Automobilen, in Bauwerken oder in Haushalts- und Bürogeräten. Auch diese lange Haltbarkeit ist ein Beitrag zur Rohstoffschonung – was länger hält, muß nicht schnell neu hergestellt werden.

Kunststoffe: ein dauerhafter Gewinn für die Umwelt. Leichte Kunststoffe können schwerere Materialien ersetzen – und damit die Umwelt entlasten. Zwei Beispiele: Studien belegen, daß sich ohne Kunststoffverpackungen Energiebedarf und Müllvolumen mindestens verdoppeln würden. Und allein in Deutschland senkt der Kunststoffanteil in Autos den Kraftstoffverbrauch pro Jahr um ca. 4,4 Milliarden Liter – bei dementsprechend vermindertem CO_2-Ausstoß.

Recycling läuft – Kunststoffmüll wird knapp. Abfälle aus Kunststoff sind inzwischen so begehrt, daß sie knapp werden. Verwerter nutzen sie auf mehrere Arten. Etwa werkstofflich, indem sie Altkunststoffe zu neuen Produkten umformen. Oder rohstofflich, wenn sie gebrauchte Kunststoffe in Öle und Gase zurückverwandeln. Oder der Kunststoffabfall hilft in Hochöfen bei der Stahlerzeugung.

Die Stoffkreisläufe schließen sich, Umwelt und Ressourcen werden abermals geschont.

8. Interessant: Textvergleiche

 Bei den Texten über die Pußta (Seite 31) haben Sie gesehen, daß man Einsichten in die charakteristische Textgestalt besonders gut gewinnt, wenn man Texte mit gleichem oder ähnlichem Thema vergleicht. Das zeigen auch die folgenden Beispiele (mit zunehmendem Schwierigkeitsgrad). Sie können sich bei der Bearbeitung mit Stichworten begnügen oder alles wie in einer Klausur ausformulieren; das hängt davon ab, wieviel Übung Sie noch brauchen.

HAGEL

A
Hagel, atmosphär. Niederschlag in Form von Eisstücken mit undurchsichtigem Kern, umlagert von teils durchsichtigen, luftleeren, teils weißlichen, lufthaltigen Eishüllen. Die H.-Körner sind meist kugel-, ei- oder birnenförmig, gelegentlich auch ganz unregelmäßig. Sie haben oft tiefe Temperaturen, bis −15° C. Ihre Größe wechselt, als untere Grenze gilt ein Durchmesser von 5 mm, kleinere heißen Graupeln. Körner von mehr als Haselnußgröße sind in Mitteleuropa selten.
Der zwiebelschalige Bau des H.-Korns entsteht durch mehrschichtige Anlagerung von Eiskristallen und unterkühlten Wasserteilchen an Graupeln bei der turbulenten Auf- und Abwärtsbewegung innerhalb der aufgetürmten Wolken (Cumulonimbus). Kennzeichnend ist das Auftreten riesiger, von unten jedoch nur selten sichtbarer Wolkentürme und die drohende tiefschwarze, gelegentlich gelbliche Färbung der Wolke.
H. tritt in Mitteleuropa vorwiegend im Frühsommer zwischen 14 und 18 Uhr auf, in den Polargegenden niemals, er kommt aber in äquatorialen Breiten sogar gelegentlich noch in den Niederungen vor.

B
Uli stand auf einem kleinen Vorsprunge, wo das ganze Gut sichtbar vor ihm lag; da zwickte ihn wieder was, und zwar mitten ins Gesicht, daß er hoch auffuhr; ein großer Hagelstein lag zu seinen Füßen. Und plötzlich brach der schwarze Wolkenschoß; vom Himmel prasselten die Hagelmassen zur Erde. Schwarz war die Luft, betäubend, sinnverwirrend das Getöse, das den Donner verschlang. Uli barg sich mühsam unter einem Kirschbaum, der ihm den Rücken schirmte, verstieß die Hände in die Kleider, senkte den Kopf bestmöglich auf die Brust, mußte so stehenbleiben, froh noch sein, daß er einen Baum zur Stütze hatte; weiterzugehen war eine Unmöglichkeit.

53 Vergleichen Sie die Texte unter folgenden Gesichtspunkten:
① Textart; Art der Bücher, aus denen die Texte entnommen sind.
② Mögliche Bedeutung der Texte für Leser.
③ Textstruktur.
④ Charakteristische sprachliche Mittel.

DIE WÜSTE

A

Eigentlich hatte ich mir die Wüste gedacht als eine unabsehbare Menge gesiebten sauberen Sands. Die Wirklichkeit war verzweifelt viel weniger schön. Es war eben wüst, weiter nichts. Soweit man sah, war verkommenes Land; Verkommenheit war es, woraus sich im wesentlichen die Wüste ergab. Steine und Lehm und Sand waren von Millionen glühenden Sonnen verbacken zu diesem graugelben Einerlei, das nun überall war.

Auch darin hatte ich mich getäuscht: Ich hatte unklar gedacht, in der Wüste stehe man mitten im Flachen und sehe Unendlichkeit rings um sich her. Auch das war nicht wahr. Unwert verminderte das Nahe so sehr und riß so viel Ferne herbei, daß immer irgendeine Höhe da war, die die Aussicht verstellte. Das Auge, das sonst keine Gaben empfing, bemaß Hügel und Täler stärker als sonst, und übertrieb. So kam es, daß man in einem Tal zu sein glaubte, wenn man sich nur in einer flachen Mulde befand. Dann wieder glaubte man auf einer Höhe zu stehen, ohne daß man bemerkt hätte, gestiegen zu sein. Und einen Hügelzug, den man lange vor Augen hatte als einen gelben beträchtlichen Wall, erstieg man nachher im Nu: es war nur eine unerhebliche Schwelle.

B

Durch den Wechsel hoher Tages- und niedriger Nachttemperaturen wird das Gestein starken Spannungen ausgesetzt; nachts hört man es oft mit lautem Knall zerspringen. Bei dem Mangel an fließendem Wasser bleiben die Gesteinstrümmer liegen und werden nur vom Wind ausgeblasen. Die Sande werden hierbei zu Dünen zusammengeweht. Aus der Richtung der Dünen kann man auf die vorherrschende Windrichtung schließen. Die mechanische Verwitterung überwiegt ganz allgemein; denn für die chemische Verwitterung ist Wasser notwendig.

Die Oberfläche der Wüste kann sehr verschiedenartig sein. Nur ungefähr ein Fünftel aller Wüsten sind Sandwüsten (arabisch: Erg), die windgeformten Dünen sehen aus größerer Höhe wie die Wellen einer stark bewegten See aus. Es gibt auch weite kiesübersäte Flächen, die Serirs, die einen festen Fahruntergrund abgeben. In der Felswüste (Hamada) ist der Boden mit Gesteinstrümmern bedeckt. In der Salztonwüste (Sebcha, Kewir) kommt es zu Salzausblühungen, so daß der Boden von einer Salzkruste überzogen wird. Die in der Wüstenregion liegenden hohen Gebirge zeigen schroffe Grate und schuttübersäte Hänge.

54 Beschreiben Sie die beiden Texte vergleichend, indem Sie klären,
① welche Intentionen die Verfasser haben und in welchem Maße sie sich selbst in den Text einbringen,
② um welche Textsorten es sich handelt,
③ wie die Verfasser ihre Darstellung aufgebaut haben, wie sie ihr Thema schrittweise entfalten,
④ welche sprachlichen Mittel für die Texte charakteristisch sind und was sie leisten.

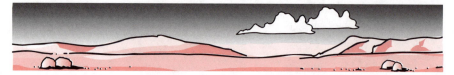

ZEITGENÖSSISCHE STELLUNGNAHMEN ZUM „WERTHER"

A

Eben habe ich die Leiden des jungen Werther – gelesen? – nein, verschlungen! – Ein Jüngling, voll Lebenskraft, Empfindung, Sympathie, Genie – so ungefähr wie Goethe –, fällt mit dem vollen Ungestüm einer unbezwinglich haftenden Leidenschaft auf ein himmlisches Mädchen. Die ist aber schon verlobt, und vermählt sich mit einem braven Manne. Aber dies Hindernis verstärkt nur Werthers Liebe. Er entschließt sich zum Selbstmorde und führt ihn auch aus. Diesen simplen Stoff weiß der Verfasser mit so viel Aufwand des Genies zu bearbeiten, daß die Aufmerksamkeit mit jedem Briefe zunimmt. Da sind keine Episoden, die den Helden der Geschichte umgeben wie goldnes Gefolge einen verdienstlosen Fürsten: der Held, Er, Er ganz allein lebt und webt in allem was man liest: Er, Er steht im Vordergrunde, scheint aus der Leinewand zu springen und zu sagen: Schau, das bin ich, der junge leidende Werther, dein Mitgeschöpf! So mußt ich volles irdenes Gefäß am Feuer aufkochen, aufsprudeln, und zerspringen. – Kritisieren soll ich? könnt ichs, so hätte ich kein Herz. Kaufs Buch, und lies selbst! Nimm aber dein Herz mit! (5. 12. 1774)

B

Zu den Schriften, welche als sichtbare Beispiele der Ausbrüche des Verderbens unserer Zeit anzuführen sind, rechnen wir die Leiden – Narrheiten und Tollheiten, sollte es heißen – des jungen Werther, einen Roman, welcher keinen anderen Zweck hat, als das Schändliche von dem Selbstmorde eines jungen Witzlings, den eine närrische und verbotene Liebe dazu gebracht hat, abzuwischen, und diese schwarze Tat als eine Handlung des Heroismus vorzuspiegeln – einen Roman, der von unseren jungen Leuten nicht gelesen, sondern verschlungen wird.
Im Grunde ist die ganze Charteque nichts anderes, als ein moderner Don Quichote, nicht als Löwenritter, sondern als ein verliebter Narr betrachtet. Allein Don Quichote ist noch viel vernünftiger als Werther, und redet durchgängig mit mehr Hochachtung von der Religion als dieser.
Welcher Jüngling kann eine solche verfluchungswürdige Schrift lesen, ohne ein Pestgeschwür davon in seiner Seele zurückzubehalten, welches gewiß zu seiner Zeit ausbrechen wird. Und keine Zensur hindert den Druck solcher Lockspeisen des Satans. Die Verleger haben den Mut, ihren Namen auf dieselben zu setzen. Die Zeitungsposaunen heben den höchsten Ton zu ihrem Lobe an. Ewiger Gott! Was für Zeiten hast Du uns erleben lassen! (21. 3. 1775)

55 ① Arbeiten Sie heraus, nach welchen Maßstäben die beiden Rezensenten den Roman bewerten, warum sie den Roman für gut oder schlecht halten.
② Untersuchen Sie die Sprache in den Texten. Welche sprachlichen Mittel bringen die Einstellung der Verfasser in charakteristischer Weise zum Ausdruck?
③ Wenn möglich: Ordnen Sie die Verfasser damaligen geistigen Strömungen (die heute als Epochen erscheinen) zu.
(Diese Teilaufgabe können Sie natürlich nur lösen, wenn Ihr Unterricht bereits die Voraussetzungen geschaffen hat.)

C Anwendung

1. Textanalyse als Klausuraufgabe

Sie sind nach all den Übungen in den vorhergehenden Kapiteln mit der Arbeitsweise der Sachtextanalyse nun gut vertraut. Was besonders zu beachten ist, wenn Sie in einer Klausur eine Analyse schriftlich ausführen müssen, können Sie sich in diesem Kapitel bewußtmachen. Originalbeispiele geben Ihnen Einblick in die Klausurpraxis. Entscheidend sind für Sie aber die konkreten Bedingungen Ihres eigenen Unterrichts.

Die Aufgabe erfassen

Aufgaben (Arbeitsanweisungen) für Sachtextanalysen können sehr verschieden sein. Das hängt vom Unterrichtszusammenhang und von den Vorstellungen der Lehrkraft ab. Aus früheren Schuljahren ist Ihnen die reine Inhaltsangabe am besten bekannt:
„Gib den Inhalt mit eigenen Worten zusammengefaßt wieder!"
„Fasse die Hauptaussagen des Textes in 5–7 Thesen zusammen!"

Auf der Oberstufe richtet sich die Analyse meist auf mehrere, aber nicht unbedingt auf alle Aspekte des Textes. Sie müssen also jedesmal genau erfassen, was Sie konkret tun sollen.

1 Im folgenden wird Ihnen eine Reihe von Aufgaben vorgelegt. Sie sollen entscheiden, welche der vier grundlegenden Aspekte Inhalt – Struktur – Sprache – Funktion **nicht** zu untersuchen sind.

① „Ermitteln Sie, mit welcher Frage sich der Verfasser beschäftigt und zu welcher Antwort er gelangt! Beschreiben Sie auch die Gedankenführung, die Beweiskette!"

Nicht bearbeiten: ___*Sprache, Funktion*___

② „Schreiben Sie für jemanden, der den Text nicht kennt, eine Inhaltsangabe, und prüfen Sie, ob die Argumente des Verfassers stichhaltig sind!"

Nicht bearbeiten: _____

③ Erläutern Sie Auffälligkeiten in Wortwahl und Satzbau, und erklären Sie, mit welcher Absicht der Verfasser diese sprachlichen Mittel einsetzt!"

Nicht bearbeiten: _____

④ „Untersuchen Sie, welche Wirkung der Autor bei den Lesern erzielen möchte, und erörtern Sie, von welchen Bedingungen es abhängt, wie die verschiedenen Leser tatsächlich reagieren könnten!"

Nicht bearbeiten: _____

⑤ „Vergleichen Sie die beiden Reden! Welche Haltung nehmen die Redner zu dem behandelten Sachverhalt ein, und wie spiegelt sich ihre Haltung jeweils in der Sprache?"

Nicht bearbeiten: _____

⑥ „Vergleichen Sie die beiden Texte, indem Sie die Sprache analysieren und die Textsorte bestimmen!"

Nicht bearbeiten: _____

Die Arbeit gliedern

Daß Texte eine geordnete Gedankenfolge, einen erkennbaren Aufbau besitzen, erscheint uns selbstverständlich. Denn nur mit einer sinnvoll fortschreitenden Entfaltung des Themas läßt sich die Mitteilungsabsicht verwirklichen. Dies gilt auch für Texte, die Sie selbst schreiben, nicht zuletzt für Ihre Klausuren. Deshalb müssen Sie die Ergebnisse einer Textanalyse sinnvoll und übersichtlich gliedern. Welche Reihenfolge wählen Sie?

☞ Meistens wird die Gliederung durch den Arbeitsauftrag vorgegeben. Wenn dies nicht der Fall ist, halten Sie sich an dieses Schema:
Einleitung: Den Text kurz charakterisieren und das Thema nennen.
(Weitere Angaben ab Seite 62.)
Hauptteil: Es gibt zwei Möglichkeiten:
a) Einzelbefunde aus dem Text vorlegen, dann daraus Folgerungen ziehen.
b) Aussagen über den Text machen, dann diese Behauptungen durch Argumente und Belege stützen.
Schluß: Das Gesamtergebnis zusammenfassend formulieren.

☞ Liegt der Klausur ein **Redetext** zugrunde und setzt die Aufgabenstellung keinerlei Schwerpunkte für die Analyse, sollten Sie nach folgenden Gesichtspunkten vorgehen:
Einleitung:
1. Der historisch-gesellschaftliche Hintergrund, die politische Situation
2. Das Thema der Rede
3. Redeanlaß, Ort, Publikum
Hauptteil:
4. Intention des Redners (ausgesprochen oder zu erschließen)

5. Adressaten der Rede (genannt oder zu erschließen)
6. Inhalt und Gliederung der Rede
7. Argumentationsweise
8. Rhetorische Mittel
9. Mögliche Wirkung der Rede, unterschieden nach verschiedenen Voraussetzungen und Einstellungen der Zuhörer bzw. Adressaten

Schluß:
10. Knappe Zusammenfassung der Ergebnisse
11. Gehört zur Aufgabe eine Bewertung der Rede, nehmen Sie Stellung
    a) zu der Aussage, zum Standpunkt des Redners,
    b) zur rhetorischen Leistung des Redners.
    Das Urteil über beide Aspekte muß nicht übereinstimmen.

Eine Einleitung verfassen

Haben Sie den Text entsprechend der Arbeitsanweisung analysiert, stehen Sie vor der Aufgabe, Ihr Ergebnis zusammenhängend darzustellen. Wie fangen Sie an?

2 Beurteilen Sie die beiden folgenden Anfänge einer Textanalyse.
① „Der Verfasser ist der Ansicht, daß Schulbücher oft zu schwer verständlich sind und ihren Zweck, das Lernen zu unterstützen, in vielen Fällen nicht erfüllen. Im Gegenteil …"
② „Die vorliegende Abhandlung – ein Auszug – stammt von G. Baumann, einem Professor für Allgemeine Pädagogik, und ist im Jahre 1994 in einer Fachzeitschrift erschienen. Es geht um das Thema ‚Schulbücher als Lernmedien'. Der Verfasser ist der Ansicht …"

Während der Schreiber des ersten Beispiels „mit der Tür ins Haus fällt" und dem Leser jede Hinführung vorenthält, informiert der zweite zunächst über die Textsorte, den Autor, die Quelle, das Erscheinungsjahr und das Thema des Textes. Damit verschafft er sich selbst und dem Leser eine Orientierung. Eine derartige Einleitung (Hinführung) sollten Sie jeder Textanalyse voranstellen, soweit Sie die betreffenden Informationen besitzen. Wenn Sie nichts über den Autor und die Quelle wissen, müssen Sie wenigstens das Thema und die Textsorte nennen, z. B. so:
„Im vorliegenden Text, einer Problemerörterung, geht es um das Leistungsprinzip in der Schule."
„Vorgelegt ist eine Rezension von Günter Grass' neuem Roman ‚Ein weites Feld'."

3 Schreiben Sie eine Einleitung zu dem Vergleich der „Werther"-Rezensionen (Seite 59).

Schreibhaltung und Sprachverwendung

☞ Die schriftliche Darstellung einer Sachtextanalyse ist selbst auch ein **Sachtext:** Es werden Untersuchungsergebnisse mitgeteilt. Ein solcher Text muß genauso wie etwa bei einer chemischen Analyse objektiv und sachlich abgefaßt sein. Zwar kann man schreiben, daß man etwas nicht nachweisen könne, sondern nur vermute. Weitere subjektive oder gar gefühlsbetonte Äußerungen wären aber fehl am Platze.

4 Prüfen Sie, welche der folgenden Formulierungen in einer Textanalyse passend und welche unangebracht sind. Setzen Sie ein + oder – in die Kästchen.
- ❏ „Der Text enthält viele Fachausdrücke, die dem Laien das Verständnis erschweren."
- ❏ „Wie sich der Verfasser hier ausdrückt, gefällt mir überhaupt nicht."
- ❏ „Der Textaufbau ist ganz schön konfus."
- ❏ „Am Schluß nimmt der Verfasser seine These vom Anfang wieder auf."
- ❏ „Eine solche Rede ist einfach unmöglich."
- ❏ „Der Autor wendet sich vermutlich an Fachleute aus dem Schulwesen, denn er setzt viel pädagogisches Wissen voraus."

Wird nicht nur eine Textanalyse, sondern zusätzlich eine Stellungnahme verlangt, müssen Sie natürlich Ihre persönliche Meinung oder Ihre Beurteilung zum Ausdruck bringen oder einen Lösungsvorschlag machen. Dann haben auch subjektive Formulierungen wie diese ihren Sinn:
„Nach meiner Ansicht hat der Verfasser…"
„Mit dieser Aussage bin ich nicht einverstanden…"
„Im großen und ganzen kann ich dem Verfasser zustimmen."
„Der Text erscheint mir für seinen Zweck gut geeignet, denn…"

5 Vergleichen Sie die folgenden Äußerungen in bezug auf den Inhalt und die Sprache (den Stil).
① „Wie der schreibt! Dies Durcheinander bei den Argumenten! Das bringt echt nichts."
② „An der Textstruktur fällt auf, daß die Argumente völlig ungeordnet aufeinander folgen. So kann der Autor die Leser nicht für seinen Standpunkt gewinnen."

Für Textsorten außerhalb der Privatsphäre haben sich Stilnormen herausgebildet, die gesellschaftlich anerkannt („sanktioniert") sind. Danach ist im allgemeinen die **Standardsprache** zu verwenden (siehe Kapitel B 5). Dies gilt auch für Klausuren. Weil es sich aber bei Textanalysen um eine fachliche Arbeitsweise handelt, kommt man ohne **Fachausdrücke** (Termini) nicht aus.

Viele Fachbegriffe kennen Sie längst, z. B. Wortart, Genitiv, Apposition, Substantivierung, Kompositum, Kausalsatz; andere haben Sie erst bei textanalytischen Übungen (auch mit diesem Buch) kennengelernt. In Kapitel D 2 sind Fachbegriffe zusammengestellt, die man als Handwerkszeug bei Textanalysen verwendet.

☞ **Übrigens:** Das Tempus ist bei Textanalysen das **Präsens**.

6 Übertragen Sie die folgenden Äußerungen in eine sachliche und fachgemäße Sprache:
① „Der Redner labert dauernd. Worauf will er denn hinaus?"
② „Das finde ich schon toll, daß öfter Wörter mit demselben Anfangsbuchstaben beginnen."
③ „Was der Autor schreibt, ist klasse, und das Thema ist ja auch bestimmt wichtig."

Tips für den Arbeitsablauf

Für die erfolgreiche Lösung der Klausuraufgabe haben sich die folgenden Arbeitsschritte bewährt:

- Die Aufgabe genau lesen. Bei Unklarheiten in der Aufgabenstellung die Lehrkraft fragen.

- Die Textstellen markieren, die zur Aufgabe etwas hergeben.

- Zu den verschiedenen Aufgabenteilen anhand der Markierung Notizen machen.

- Die Notizen durchsehen, ordnen, ergänzen, korrigieren.

- Wenn die Zeit reicht, ein Konzept anfertigen. Wenn die Zeit nicht reicht, gleich mit der Reinschrift beginnen. Gut lesbar und geordnet schreiben.

- Textstellen, deren Wortlaut Ihnen so wichtig erscheint, daß Sie sie nicht verändern möchten, können Sie zitieren. Aber streng beim Wortlaut des Originals bleiben, Anführungszeichen verwenden und die Textstelle angeben („Z. 21–23").

- Die Gliederung Ihrer Arbeit durch Absätze sichtbar machen.

- Haben Sie ein Konzept geschrieben, dieses kritisch durchsehen – hier etwas weglassen, dort etwas nachtragen, hier etwas umstellen, dort ein Wort austauschen. Dann Reinschrift.

- Abschließend Fehler in Rechtschreibung und Zeichensetzung beseitigen.

Beispiele aus der Klausurpraxis

Für eine Klausur in der Oberstufe bekommen Sie in der Regel zwei Stunden Zeit, im Jahrgang 13 auch mehr. Die folgenden Aufgaben stammen aus der Schulpraxis, sind bei Klausuren gestellt worden. Sie können hier die tatsächliche Prüfungssituation durchspielen. Nehmen Sie sich für einen Tag nur ein Beispiel vor, und bearbeiten Sie es sorgfältig, wie im Ernstfall. Bei jeder Aufgabe steht, wieviel Zeit Sie sich ungefähr geben sollten; im Schulalltag werden bekanntlich oft ein paar Minuten zugegeben. Schreiben Sie auf jeden Fall Ihre Übungsklausur, bevor Sie im Lösungsteil nachsehen. Zu den Beispielen 3 bis 4 finden Sie Schülerarbeiten mit ausführlicher Bewertung; auch diese sollten Sie erst hinterher lesen.

Erstes Beispiel

TEXT

DER SOUND WURDE SATTER UND WEICHER

jah. Als „Lucifer's Friend" ihre ersten Langrillen veröffentlichten (das war 1970 und 1972), da war deutsche Rock-Musik so etwas wie ein Mauerblümchen. Nur einige wenige redeten davon, gekauft oder im Radio gespielt wurde sie so gut wie nicht. Das hat sich inzwischen grundlegend geändert. Aber auch die Musik der Gruppe. Man hat derzeit die einmalige Gelegenheit, damals und heute miteinander zu vergleichen. Der Erfolg von „Lucifer's Friend" mit ihrer LP „Good time warrior", erschienen bei der WEA unter dem Label „Elektra", hat die Firma phonogram bewogen, zwei alte LPs zusammen herauszubringen. Als Doppel-LP gibt es jetzt also „Where the groupies killed the blues" und das Debut-Album mit den beiden irren Typen auf dem Cover, die zum Markenzeichen der Truppe wurden. Hard-Rock vor neun Jahren und heute: Der Unterschied ist gewaltig. Die Stimme von Mike Lawton damals hat lange nicht die Klasse, die das Organ von Mike Starrs heute hat. Der Sound ist satter, nicht so nervös. Und vor allem, man hat langsame Rock-Tunes drauf, die irre schön sind. Da möchte man manchmal wünschen, daß sie nur noch solche Sachen machen. Aber die Hard-Rock-Anhänger werden wohl ungern auf den Knüppel-Klang verzichten mögen. Beide Lucifer-Angebote sollten aber dank ihrer unbestreitbaren Qualität in einer guten Rock-Sammlung nicht fehlen.

Lucifer's friend, Good time warrior, Elektra ELK 52 087 im Vertrieb der WEA Hamburg

Lucifer's friend, Doppel-Album, Philips 6623 132 im Vertrieb der phonogram Hamburg.

(Schaumburger Zeitung, 23.5.1979)

7 AUFGABE
1. Bestimmen Sie Textfunktion und Textsorte.
2. Beschreiben und erklären Sie den Sprachgebrauch.

Bearbeitungszeit 90 Minuten.

Zweites Beispiel

TEXT

8 AUFGABE

Untersuchen Sie den Text nach folgenden Fragen:
1. Welchem Zweck dient der Text (welche Mitteilungsabsicht hat der Verfasser)?
2. Welcher Mittel bedient sich der Verfasser, um sein Ziel zu erreichen?
3. Wie ist der Text aufgebaut?
4. Was soll die Überschrift bewirken?
5. Welche Grundfunktion der Sprache (nach K. Bühler) dominiert, welche anderen kommen außerdem vor?

Bearbeitungszeit 90 Minuten.

Drittes Beispiel

TEXT

Sprechblasen-Deutsch

Reu. Früher hätten die Rechtswissenschaftler den Studienanfängern nur Nachholkurse in Latein anzubieten brauchen; jetzt müßten sie auch Nachhilfeunterricht in Deutsch geben: Als der Vizepräsident des Hochschulverbands, Mußgnug, diesen Stoßseufzer auf der Jahresversammlung der Professorenvereinigung von sich gab, durfte man das noch für eine Karikatur halten. Aber das Lachen vergeht einem, wenn die Bundesvereinigung der Oberstudiendirektoren „aus leidvoller Erfahrung" fordert, daß die Schüler an der Sekundarstufe I wieder richtig Deutsch lernen müßten. Oberstudiendirektoren und Hochschulverband sind sich darüber einig, daß das in Mode gekommene „basic German" nicht genüge. Der Schüler müsse Texte rasch und sicher erfassen und zusammenfassen sowie Sachverhalte und Gedanken klar und treffend formulieren können. Aber er lernt nicht einmal mehr, mitzuschreiben, wenn der Lehrer spricht. In Prüfungen werden oft nur noch Stichworte im Sprechblasendeutsch verlangt. Es ist klar, daß das Fach Deutsch nicht im Alleingang die erwünschte Wende bringen kann. Alle anderen Fächer, auch die naturwissenschaftlichen, könnten und sollten ihren Beitrag dazu leisten.

(Frankfurter Allgemeine Zeitung, 28. 3. 1981)

9 AUFGABE
1. Ermitteln Sie die Verfasserintention und die Textsorte!
2. Beschreiben Sie den Aufbau!
3. Verdeutlichen Sie die Satzverknüpfungen der ersten vier Sätze!
4. An welcher Stelle wäre es sinnvoll, einen Absatz zu machen? Begründen Sie Ihre Entscheidung!
5. Was ändert sich, wenn in den ersten beiden Sätzen „hätten" und „müßten" durch „haben" und „müssen" ersetzt werden?

Bearbeitungszeit 90 Minuten.

Viertes Beispiel

TEXT
Alt und jung zusammen

„Soviel ich weiß, ist unsere Zivilisation die erste, in der alte Menschen im Heim ihrer erwachsenen Kinder nicht ihren selbstverständlichen Platz haben." (Arnold Toynbee)

Es wird heute viel darüber gesprochen und geschrieben, daß wir den alten Menschen nicht
5 den ihnen gebührenden Lebensraum gönnen. Mit Recht, so glaube ich. Wir geben uns allerdings – wie der Historiker Toynbee – einer Täuschung hin, wenn wir annehmen, die alten Menschen hätten es früher besser gehabt als heute.
„In alten Zeiten war es so Sitte, die alten Leute in steiniges Gebirge auszusetzen, bis sie dort starben", so beginnt ein mazedonisches Märchen. Es berichtet von einem jungen Mann, der eines Tages – wie es die Sitte verlangt – seinen alten Vater auf den Rücken

10 nimmt und ins Gebirge trägt. Als er in der steinigen Wildnis angelangt ist und ihn absetzen will, bittet der Greis: „Nicht an dieser Stelle, mein Sohn, trag mich noch ein Stückchen weiter." Auf die verwunderte Frage, was er denn gegen diese Stelle habe, antwortet der alte Mann traurig: „Ach, lieber Sohn, wie kann einem das Grab seines Vaters gefallen. Als ich so alt war wie du, habe ich meinen Vater hierhergebracht. Ich bitte dich, gehorche mir
15 noch ein einziges Mal und trage mich ein wenig höher."

Während der Sohn den Vater höher schleppt, denkt er darüber nach, daß ihn in etwa dreißig Jahren sein Sohn, genau wie er es jetzt tut, in die Wildnis schleppen wird. Am Abend, als es dunkel wird, trägt er den Vater wieder heimlich nach Hause. Lange Zeit verbirgt er ihn, weil er sich vor den Leuten schämt. Aber eines Tages läßt es sich nicht mehr
20 verheimlichen. Da ihm in der Wirtschaft vieles besser gelingt als den anderen Bauern, wird es offenkundig, daß er einen heimlichen Ratgeber im Hause hat, der ihm mit seiner langen Lebenserfahrung zur Seite steht. Von nun an entschließen sich auch andere Familien des Dorfes, ihre Alten nicht mehr auszusetzen.

Diese Geschichte demonstriert eine Veränderung der Lebensgewohnheiten. In den „alten
25 Zeiten" hatte der Mensch einen sehr harten Kampf mit den Naturgewalten zu bestehen. Erinnerungen an diese Sitte – die alten Leute auszusetzen – finden wir bei verschiedenen Völkern, die unter besonders ungünstigen Witterungsbedingungen oder Landschaftsverhältnissen leben, z. B. auch bei den Eskimos.

Mit dem Fortschritt der Zivilisation, als Werkzeuge und schon einige technische Hilfsmit-
30 tel das Überleben erleichterten, konnte man es sich „leisten", die alten Leute mitzuernähren.

Aber wer erreichte damals überhaupt ein höheres Lebensalter? Bis ins 15. Jahrhundert lag die durchschnittliche Lebenserwartung bei 25 Jahren, bis zum 17. Jahrhundert bei 26 bis 30 Jahren. Im 18. und 19. Jahrhundert wurden die Menschen im Durchschnitt 35 bis
35 40 Jahre alt, und heute liegt die durchschnittliche Lebenserwartung bei 70 Jahren. […]

(Ruth Dirx: Alt und jung zusammen. In: Ursula Schulz (Hg.): Die abgeschobene Generation. Wuppertal: Jugenddienst Verlag 1972, S. 81 f.)

10 AUFGABE

Analysieren Sie den Text im Hinblick auf
– Inhalt und Gedankenführung,
– den Stil,
– die Intention der Autorin.

Bearbeitungszeit 90 Minuten.

2. Ein Blick auf die Abiturprüfung

Die Anforderungen

Neben der Interpretation fiktionaler Texte und der Problemerörterung (in der Regel anhand von Texten) kann die **Sachtextanalyse** in der schriftlichen Abiturprüfung vorkommen. Grundsätzlich gilt: Was im Unterricht nicht erlernt und geübt wurde, wird auch nicht geprüft. Denn die Prüfung soll zeigen, mit welchem Erfolg die Schülerinnen und Schüler von den Lernmöglichkeiten Gebrauch gemacht haben. In dieser Hinsicht ist die schriftliche Abiturprüfung nichts anderes als eine Klausur. Haben Sie im Unterricht mitgearbeitet und zusätzlich geübt, können Sie zuversichtlich der Abiturprüfung Deutsch entgegensehen.

Einen Maximalkatalog für die Anforderungen einer Sachtextanalyse findet man in den **„Einheitlichen Prüfungsanforderungen in der Abiturprüfung – Deutsch"**, einem „Beschluß der Ständigen Konferenz der Kultusminister der Länder" (kurz „EPA" genannt). Da heißt es:

Analyse von Sachtexten

a) **Beschreibung der Aufgabenart**
Gegenstand der Untersuchung sind Texte, die vorwiegend pragmatischen Zwecken dienen und im allgemeinen situationsabhängig sind, wie z.B. journalistische Formen, Werbung, Reden, Predigten, wissenschaftliche Abhandlungen, populärwissenschaftliche Texte, Biographien, Reisebeschreibungen, Memoiren, Tagebuch. Die Aufzählung der verschiedenen Textsorten zeigt, daß die Abgrenzung zu literarischen Texten nicht immer eindeutig ist. Je nach den Schwerpunkten der Aufgabenstellung gehören zu der Untersuchung eine Beschreibung, Erläuterung und Beurteilung der vorgelegten Texte in ihrem Kommunikationszusammenhang.
Die Beschreibung stellt Sachverhalte am untersuchten Text fest. Die Erläuterung verdeutlicht die Sachverhalte und ordnet sie in textimmanente und textübergreifende Zusammenhänge ein. Die Beurteilung sagt aus, wie der Text oder Teilaspekte des Textes eingeschätzt werden, und nennt die Grundlage für die Einschätzung.

b) **Gesichtspunkte für die Aufgabenstellung**
Die Anforderungen können verdeutlicht werden, indem Arbeitsschwerpunkte angegeben werden. Schwerpunkte können z.B. die Untersuchung des Inhalts, sprachlicher und formaler Merkmale und situativer Bedingungen sowie die Untersuchung von erkennbaren Absichten und Wirkungen sein.
Vorgelegt werden können
– ein kürzerer, in sich geschlossener Text,
– ein Ausschnitt aus einem umfassenderen Text,
– mehrere Sachtexte zum Vergleich,
– ein Sachtext und ein literarischer Text zum Vergleich.

c) **Beschreibung der Anforderungen**
Die Untersuchung von Sachtexten erfordert besonders folgende Leistungen:
– die pragmatischen Ziele des Textes aufzeigen und erläutern,
– die ausgesprochenen Absichten des Textes zu unausgesprochenen in Beziehung setzen,
– Umfang und Art der Adressatenbezogenheit darlegen,
– die Textstruktur und das auf eine Aussageabsicht ausgerichtete Zusammenwirken struktureller und stilistischer Elemente ermitteln,
– die Wirkung des Textes in Beziehung zu seiner Wirkungsabsicht einschätzen.
Im übrigen gelten die zur Analyse literarischer Texte beschriebenen Anforderungen, soweit sie bei der Untersuchung von Sachtexten anwendbar sind.

Der letzte Satz verweist auf Anforderungen bei der „Analyse literarischer Texte" (mit anderen Worten: Interpretation fiktionaler Texte). Gemeint ist dies:

Die Analyse literarischer Texte erfordert besonders folgende Leistungen
(1) in bezug auf die Erarbeitung des Textes:
- fachgerechte Untersuchungsmethoden anwenden,
- zentrale Aussagen und Probleme erfassen,
- Textstruktur und strukturbildende Elemente ermitteln,
- Textintentionen erfassen,
- erfassen, wie Phänomene der erfahrbaren und denkbaren Wirklichkeit unter gegebenen historischen, sozialen und persönlichen Bedingungen ausgewählt und gedeutet worden sind,
- klären, welche Verbindungen zwischen dem Dargestellten und den eigenen Erfahrungen und Vorstellungen bestehen oder welche Verstehenshindernisse auftreten,
- ggf. sich mit den Normen und Wertvorstellungen, die dem Text zu entnehmen sind, auseinandersetzen,
- zu der Aussageweise des Textes Stellung nehmen,
- ggf. Art und Umfang der Verbreitung des Textes (z.B. Auflagenhöhe, Rezipienten, Vermittlung durch bestimmte Medien) berücksichtigen,
- den Text in größere Zusammenhänge (z.B. der Literaturgeschichte, der Ästhetik, der Biographie des Autors, der Gesellschaft) einordnen;

(2) in bezug auf die Darstellung:
- zentrale Aussagen und Strukturmerkmale des Textes angemessen erläutern,
- inhaltliche und formale Beziehungen im Text zutreffend beschreiben,
- eine aufgabengerechte Sprachform verwenden,
- die Aussagen eindeutig und sachgemäß formulieren,
- Ergebnisse durch funktionsgerecht ausgewählte Textstellen belegen,
- Teilergebnisse der Untersuchung zweckmäßig anordnen und folgerichtig verknüpfen,
- ggf. Wertungen begründen bzw. Schwierigkeiten beim Versuch der Begründung erläutern,
- die Sprache normen- und funktionsgerecht verwenden.

Dieser Katalog braucht Sie nicht zu erschrecken. Die jeweiligen Anforderungen werden durch die konkrete Aufgabenstellung begrenzt, und die Prüfungsaufgabe ist auf den vorausgegangenen Unterricht bezogen.

Aufgabenbeispiele

Erstes Beispiel (Grundkursfach, 3. Prüfungsfach)

TEXT

Wir werden geboren – unsere Eltern geben uns Brot und Kleid – unsere Lehrer drücken in unser Hirn Worte, Sprachen, Wissenschaften – irgendein artiges Mädchen drückt in unser Herz den Wunsch es eigen zu besitzen, es in unsere Arme als unser Eigentum zu schließen, wenn sich nicht gar ein tierisch Bedürfnis mit hineinmischt – es entsteht eine Lücke
5 in der Republik wo wir hineinpassen – unsere Freunde, Verwandte, Gönner setzen an und stoßen uns glücklich hinein – wir drehen uns eine Zeitlang in diesem Platz herum wie die andern Räder und stoßen und treiben – bis wir wenn's noch so ordentlich geht abgestumpft sind und zuletzt wieder einem neuen Rade Platz machen müssen – das ist, meine Herren! ohne Ruhm zu melden unsere Biographie – und was bleibt nun der Mensch noch anders
10 als eine vorzüglich künstliche kleine Maschine, die in die große Maschine, die wir Welt, Weltbegebenheiten, Weltläufte nennen besser oder schlimmer hineinpaßt.

Kein Wunder, daß die Philosophen so philosophieren, wenn die Menschen so leben. Aber heißt das gelebt? heißt das seine Existenz gefühlt, seine selbständige Existenz, den

Funken von Gott? Ha er muß in was Besserm stecken, der Reiz des Lebens: denn ein Ball
anderer zu sein, ist ein trauriger niederdrückender Gedanke, eine ewige Sklaverei, eine nur
künstlichere, eine vernünftige aber eben um dessentwillen desto elendere Tierschaft. Was
lernen wir hieraus? Das soll keine Deklamation sein, Ihr Herren, wenn Ihr Gefühl Ihnen
nicht sagt, daß ich recht habe, so verwünscht ich alle Rednerkünste, die Sie auf meine Partei neigten, ohne Sie überzeugt zu haben. Was lernen wir hieraus? Das lernen wir hieraus,
daß handeln, handeln die Seele der Welt sei, nicht genießen, nicht empfindeln, nicht spitzfündeln, daß wir dadurch allein Gott ähnlich werden, der unaufhörlich handelt und unaufhörlich an seinen Werken sich ergötzt: das lernen wir daraus, daß die in uns handelnde
Kraft, unser Geist, unser höchstes Anteil sei, daß die allein unserm Körper mit allen seinen Sinnlichkeiten und Empfindungen das wahre Leben, die wahre Konsistenz den wahren Wert gebe, daß ohne denselben all unser Genuß all unsere Empfindungen, all unser
Wissen doch nur ein Leiden, doch nur ein aufgeschobener Tod sind. Das lernen wir daraus, daß diese unsre handelnde Kraft nicht eher ruhe, nicht eher ablasse zu wirken, zu
regen, zu toben, als bis sie uns Freiheit um uns her verschafft. Platz zu handeln: Guter Gott
Platz zu handeln und wenn es ein Chaos wäre das du geschaffen, wüste und leer, aber Freiheit wohnte nur da und wir könnten dir nachahmend drüber brüten, bis was herauskäme
– Seligkeit! Seligkeit! Göttergefühl das!

11 Aufgabe

1. Geben Sie wieder, wie das Leben nach der Erfahrung des Autors aussieht und welche Lebensvorstellungen demgegenüber er selbst vertritt!

Wenn Sie sich aufgrund Ihres Unterrichts oder Ihrer Vorkenntnisse dazu in der Lage sehen, die weiteren Teile der Abituraufgabe zu lösen, dann versuchen Sie es unbedingt. Andernfalls dienen sie als Demonstrationsobjekt. Lösungshinweise finden Sie im Lösungsheft.

2. Ordnen Sie den Text in eine geistes- und literaturgeschichtliche Strömung ein! Beziehen Sie in Ihre Begründung auch die Sprache des Autors ein!
3. Erörtern Sie, ob die Textaussage heute noch Bedeutung hat!

Bezug zum Unterricht (Hinweise für die Aufsichtsbehörde)
Die Aufgabe bezieht sich hauptsächlich auf den Kurs „Das Bild des Menschen in der Literaturgeschichte" (12. 2), in dem je ein Werk des Sturm und Drang („Götz von Berlichingen"), der Klassik, der Romantik und des Naturalismus behandelt wurde. Begleitet wurde die Werkinterpretation durch Referate über die betreffenden Epochen. Zu den Schwerpunkten gehörten stets das Menschenbild und die Sprache. Die Sachtextanalyse wurde im 11. Schuljahr eingeführt und in jedem Kurshalbjahr wieder aufgenommen.

Zweites Beispiel (Grundkursfach, 3. Prüfungsfach)

Texte (siehe folgende Seite)

Jelzin, paß auf! Flieht Honecker zu Killer-Kim?

JELZIN   HONECKER

Gnadenlos kommt heute der Tag der Entscheidung für das Ehepaar Honecker in Moskau. Noch immer verstecken sich die beiden feige in der chilenischen Botschaft. Aber der russische Justizminister Fjodorow hat angekündigt: Bis Montagabend muß Honecker (79) die Botschaft verlassen, sonst wird „Gewalt" angewendet. Als letzte Ausflucht bat Honecker um sicheres Geleit zum Flugplatz. Er will zu seinem Freund Kim Il Sung (80) nach Nordkorea. Wie Honecker ist „Killer-Kim" ein übler, gewissenloser, kommunistischer Diktator, der sein Land seit 40 Jahren zu einem riesigen KZ gemacht hat.   Weiter **Seite 16**

Margot: Weihnachtsgeschenke für Erich?

Margot Honecker (64), gestern abend im Auto: Mit starrem Blick kehrte sie nach zwei Stunden von einer geheimnisvollen Ausfahrt durch Moskau in die chilenische Botschaft zu ihrem Mann zurück. Letzte Vorbereitungen zur Flucht? Oder Weihnachtsgeschenke für Erich gekauft?

Fortsetzung von Seite 1

Auf dem Moskauer Flugplatz Sheretmetjewo steht eine nordkoreanische Maschine startbereit. In Nordkoreas Hauptstadt Pjönjang wartet ein Palast auf die Honeckers für eine „ärztliche Behandlung" …
Deutschland besteht weiter auf der Auslieferung Honeckers …

(BILD, 16. 12. 1991)

Honecker weiter in Chiles Moskauer Botschaft
Ultimatum der russischen Regierung abgelaufen / Bonner Druck auf Santiago verstärkt

Moskau/Bonn/Santiago (dpa/ap) Das Ultimatum der russischen Regierung zur Ausreise Erich Honeckers ist am Freitagabend verstrichen, ohne daß der frühere DDR-Staats- und Parteichef die chilenische Botschaft in Moskau verlassen hat. Dorthin hatte sich der 79jährige geflüchtet, um dem Zugriff der russischen Staatsorgane und der Abschiebung nach Deutschland zu entgehen... Die Regierung hatte im Laufe des gestrigen Tages versichert, daß sie Honecker nicht gewaltsam aus der chilenischen Botschaft entfernen werde. [...]

Bundesjustizminister Klaus Kinkel erklärte unmittelbar vor Ablauf des Ultimatums im ARD-Fernsehen, die russische Seite habe ihre Zusage erneuert, daß der deutsche Rückführungsanspruch nicht unterlaufen werde. Eine Aufnahme Honeckers in Chile oder irgendeinem anderen Staat wäre aus Bonner Sicht „ein unfreundlicher Akt", betonte der Minister.

Die Bundesregierung, die sich in den vergangenen Monaten auf allen diplomatischen Kanälen um eine Rückführung des ehemaligen DDR-Staatschefs bemüht hatte, appellierte an die chilenische Regierung, Honecker nicht aufzunehmen. [...]

Die SPD unterstützte die Bemühungen der Bundesregierung, eine Überstellung Honeckers zu erreichen. Die Mehrheit der Bundesbürger besteht offenbar nicht auf einer Auslieferung Honeckers. In einer Umfrage des ZDF-Politbarometers forderten dies nur 45 Prozent. [...]

(Hannoversche Allgemeine Zeitung, 14./15. 12. 1991)

12 AUFGABE
1. Untersuchen Sie Inhalt und Stil der beiden Texte!
2. Klären Sie, um welche Textsorten es sich handelt, und erörtern Sie die Wirkungsmöglichkeiten der Texte!
3. Beurteilen Sie die Texte!

Bezug zum Unterricht (Hinweise für die Aufsichtsbehörde)
In einem Teil des Kurses „Sprache als Kommunikationsmittel" (13. 1) stand die Analyse von Sachtexten, oft in Verbindung mit textbezogenen Erörterungen, im Mittelpunkt. Ein wichtiger Aspekt war die Sprache in Politik und Werbung. Emotive und appellative Komponenten sowie wesentliche rhetorische Mittel wurden erarbeitet. Unter den Materialien befanden sich auch Zeitungstexte. Sachtextanalyse war auch Klausuraufgabe.

Drittes Beispiel (Leistungsfach)

TEXT
„Meine Berliner und Berlinerinnen!
Ich bin stolz, heute in Ihre Stadt zu kommen als Gast Ihres hervorragenden Regierenden Bürgermeisters, der in allen Teilen der Welt als Symbol für den Kampf und den Widerstandsgeist West-Berlins gilt. Ich bin stolz, auf dieser Reise die Bundesrepublik Deutschland zusammen mit ihrem hervorragenden Herrn Bundeskanzler besucht zu haben, der während so langer Jahre die Politik bestimmt hat nach den Richtlinien der Demokratie, der Freiheit und des Fortschritts. Ich bin stolz darauf, heute in Ihre Stadt in der Gesellschaft eines amerikanischen Mitbürgers gekommen zu sein, General Clay, der hier tätig

war in der Zeit der schwersten Krise, durch die diese Stadt gegangen ist, und der wieder nach Berlin kommen wird, wenn es notwendig werden sollte.

Vor zweitausend Jahren war der stolzeste Satz, den ein Mensch sagen konnte, der: ‚Ich bin ein Bürger Roms!' Heute ist der stolzeste Satz, den jemand in der freien Welt sagen kann: ‚Ich bin ein Berliner!' Wenn es in der Welt Menschen geben sollte, die nicht verstehen oder die nicht zu verstehen vorgeben, worum es heute in der Auseinandersetzung zwischen der freien Welt und dem Kommunismus geht, dann können wir ihnen nur sagen, sie sollen nach Berlin kommen. Es gibt Leute, die sagen, dem Kommunismus gehöre die Zukunft. Sie sollen nach Berlin kommen! Und es gibt wieder andere in Europa und in anderen Teilen der Welt, die behaupten, man könne mit den Kommunisten zusammenarbeiten. Auch sie sollen nach Berlin kommen! Und es gibt auch einige wenige, die sagen, es treffe zwar zu, daß der Kommunismus ein böses und ein schlechtes System sei; aber er gestatte es ihnen, wirtschaftlichen Fortschritt zu erreichen. Aber laßt auch sie nach Berlin kommen!

Ein Leben in der Freiheit ist nicht leicht, und die Demokratie ist nicht vollkommen. Aber wir hatten es nie nötig, eine Mauer aufzubauen, um unsere Leute bei uns zu halten und sie daran zu hindern, woanders hinzugehen. Ich möchte Ihnen im Namen der Bevölkerung der Vereinigten Staaten, die viele Tausende Kilometer von Ihnen entfernt auf der anderen Seite des Atlantik lebt, sagen, daß meine amerikanischen Mitbürger sehr stolz darauf sind, mit Ihnen zusammen selbst aus der Entfernung die Geschichte der letzten 18 Jahre teilen zu können. Denn ich weiß nicht, daß jemals eine Stadt 18 Jahre lang belagert wurde und dennoch lebt mit ungebrochener Vitalität, mit unerschütterlicher Hoffnung, mit der gleichen Stärke und mit der gleichen Entschlossenheit wie heute West-Berlin.

Die Mauer ist die abscheulichste und die stärkste Demonstration für das Versagen des kommunistischen Systems. Die ganze Welt sieht dieses Eingeständnis des Versagens. Wir sind darüber keineswegs glücklich, denn, wie Ihr Regierender Bürgermeister gesagt hat, die Mauer schlägt nicht nur der Geschichte ins Gesicht, sie schlägt der Menschlichkeit ins Gesicht. Durch die Mauer werden Familien getrennt, der Mann von der Frau, der Bruder von der Schwester; Menschen werden mit Gewalt auseinander gehalten, die zusammen leben wollen.

Was von Berlin gilt, gilt von Deutschland: Ein echter Friede in Europa kann nicht gewährleistet werden, solange jedem vierten Deutschen das Grundrecht einer freien Wahl vorenthalten wird. In 16 Jahren des Friedens und der erprobten Verläßlichkeit hat diese Generation der Deutschen sich das Recht verdient, frei zu sein, einschließlich des Rechts, die Familien und die Nationen in dauerhaftem Frieden wieder vereint zu sehen im guten Willen gegen jedermann.

Sie leben auf einer verteidigten Insel der Freiheit. Aber Ihr Leben ist mit dem des Festlandes verbunden, und deswegen fordere ich Sie zum Schluß auf, den Blick über die Gefahren des Heute hinweg auf die Zukunft des Morgen zu richten: über die Freiheit dieser Stadt Berlin, über die Freiheit Ihres Landes hinweg auf den Vormarsch der Freiheit überall in der Welt, über die Mauer hinweg, auf den Tag des Friedens in Gerechtigkeit. Die Freiheit ist unteilbar, und wenn auch nur einer versklavt ist, dann sind nicht alle frei. Aber wenn der Tag gekommen sein wird, an dem alle die Freiheit haben und Ihre Stadt und Ihr Land wieder vereint sind, wenn Europa geeint ist und Bestandteil eines friedvollen und zu höchsten Hoffnungen berechtigten Erdteils, dann können Sie mit Befriedigung von sich sagen, daß die Berliner und diese Stadt Berlin 20 Jahre lang die Front gehalten haben. Alle freien Menschen, wo immer sie leben mögen, sind Bürger dieser Stadt West-Berlin, und deshalb bin ich als freier Mann stolz darauf, sagen zu können: Ich bin ein Berliner!"

(Offizielle deutsche Übersetzung. Zitiert nach: Hermann Schlüter: Grundkurs der Rhetorik. dtv Wissenschaftliche Reihe, München 2. Aufl. 1975)

Anmerkungen zum Text

Kennedy sprach, wie bei Staatsbesuchen üblich, in seiner Muttersprache und wurde simultan übersetzt, mit Ausnahme von „Ich bin ein Berliner".

Zeile 2: Regierender Bürgermeister von West-Berlin war seit 1957 Willy Brandt

Zeile 5: Bundeskanzler war seit 1949 Konrad Adenauer

Zeile 8: General Lucius D. Clay organisierte als amerikanischer Militärgouverneur während der sowjetischen Berlin-Blockade 1948/49 die legendäre Luftbrücke

13. August 1961: Absperrung West-Berlins, Beginn der Errichtung der Berliner Mauer

Oktober 1962: Kuba-Krise

22. Januar 1963: Deutsch-französischer Freundschaftsvertrag von Adenauer und de Gaulle unterzeichnet

13 AUFGABE

Am 26. Juni 1963 sprach US-Präsident John F. Kennedy zu mehr als 300 000 Menschen vor dem Rathaus der damals so genannten Frontstadt West-Berlin. Analysieren Sie die Rede unter folgenden Gesichtspunkten:

1. Skizzieren Sie den politischen und den situativen Kontext der Rede, und leiten Sie daraus eine Vermutung über die Intention des Redners ab!
2. Beschreiben Sie die Struktur der Rede, und ermitteln Sie die Redestrategie!
3. Zeigen Sie, welche sprachlichen Mittel im Sinne der Redestrategie von Bedeutung sind!
4. Bestimmen Sie den Typ dieser Rede, und erklären Sie den überwältigenden Erfolg, den Kennedy damals hatte!

Bezug zum Unterricht (Hinweise für die Aufsichtsbehörde)
Die Analyse rhetorischer Texte nahm im Kurs „Sprache und Kommunikation" (13.1) erheblichen Raum ein. Rhetorische Figuren, Redestrategie und Redetypen waren Unterrichtsgegenstand. Die Prüflinge können außerdem auf Fertigkeiten zurückgreifen, die sie in anderen Kurshalbjahren erworben und geübt haben: Stilanalyse im Kurs „Formen erzählender Prosa" (12.1) und Untersuchung dramatischer Rede im Kurs „Dramen aus drei Jahrhunderten" (12.2).

D Übersichten

1. Fragen an Texte

Sie haben in diesem Buch die wichtigsten Gesichtspunkte und Vorgehensweisen kennengelernt, die für Sachtextanalysen von Bedeutung sind. Es gibt aber keine allgemeingültige Regel darüber, wie man an den einzelnen Text herangeht. Wer einen Text selbständig analysiert, muß im Einzelfall überlegen, welche Gesichtspunkte und Vorgehensweisen sinnvoll sind. Es wäre unangebracht, jedesmal den Text nach dem Schema Inhalt–Struktur–Sprache–Funktion zu untersuchen. Man muß vielmehr die charakteristische Eigenart des Textes berücksichtigen. Im Zweifelsfall ist es ergiebig, bei Auffälligkeiten anzusetzen.

Die folgende Übersicht faßt die wesentlichen „Fragen an Sachtexte" zusammen. In welcher Situation und welchem Maße Sie davon Gebrauch machen, entscheiden Sie selbst. Sie können die folgenden Fragen z. B. dazu verwenden, Ihre konkrete Aufgabenstellung aus verschiedenen Perspektiven zu sehen und Anregungen für mögliche Lösungswege zu erhalten.

> Im Unterricht ist für Sie vor allem eins maßgebend:
> die dort formulierte Arbeitsanweisung.

☞ **Zum sachlichen und gedanklichen Inhalt**
- Welche Information vermittelt die Überschrift des Textes? Steuert die Überschrift das Textverstehen?
- Welches Thema, welche Sache, welches Problem wird behandelt?
- Wie wird der Gegenstand behandelt: angedeutet, beschrieben, geschildert, erläutert, erörtert, propagiert, beurteilt, kritisiert?
- Führt der Text neue Begriffe ein? Werden Begriffe definiert?
- Welche Begriffe sind Schlüsselbegriffe? Was bedeuten sie?
- Was ist ausgeführt (expliziert), was ist mitgemeint (impliziert), was wird verschwiegen?
- Welche entscheidenden Behauptungen äußert der Verfasser?
- Enthält der Text Argumentation?
- Werden die Argumente durch Beispiele gestützt?
- Enthält der Text Zitate? Zu welchem Zweck?

☞ **Zur Struktur und zur Sprache**
- Wie ist der Text gegliedert, wie läßt er sich gliedern? Ist in der Textstruktur eine Systematik erkennbar?

- Wie stehen die Sinnabschnitte zueinander: Fortführung, Neuansatz, Erläuterung, Begründung, Folgerung, Entgegensetzung, Steigerung, Abschwächung?
- Verwendet der Autor/die Autorin die (allgemeinverbindliche) Standardsprache, die (aufgelockerte) Umgangssprache oder eine Sprachvarietät (Gruppensprache, Fachsprache, Dialekt)?
- Welche Fachausdrücke und mir unbekannte Wörter muß ich nachschlagen, welche kann ich übergehen?
- Zeigt der Wortgebrauch Auffälligkeiten: Modewörter, Fremdwörter, Schlagwörter, Abstrakta, Nominalisierungen, bestimmte Wortarten mit ungewöhnlicher Häufigkeit?
- Ist im Satzbau etwas auffällig? Was leistet die auffällige Erscheinung?
- Kommen besondere sprachliche Mittel vor, die den Stil prägen oder die Wirkung des Textes verstärken sollen?

☞ **Zur Kommunikationssituation**
- Wer ist der Autor/die Autorin bzw. Auftraggeber/in? In welcher Rolle sieht sich der Autor/die Autorin?
- In welcher Situation ist der Text entstanden? Welches sind die Entstehungsbedingungen?
- In welchem historisch-gesellschaftlichen Zusammenhang (politische, wirtschaftliche, kulturelle Lage) steht der Text?
- An welche Adressaten wendet sich der Text, welche Zielgruppe soll angesprochen werden? Welche Einstellungen erwartet der Autor/die Autorin bei den Lesern?
- Durch welches Medium wird der Text verbreitet?
- Hängt das Textverständnis von der Situation des Lesers/der Leserin ab?
- Welche sachlichen Voraussetzungen müssen für das Textverstehen bekannt sein?
- Ist der Text aus einem größeren Zusammenhang genommen, den zu kennen wichtig wäre?
- Wird die Textaussage durch visuelle Darstellungen begleitet? Was leisten diese?

☞ **Zur Textfunktion**
- Um welche Textsorte handelt es sich? Dominiert eine der drei Grundfunktionen der Sprache?
- Unter welcher Perspektive wird der Gegenstand betrachtet?
- Wird das Thema unter einem oder mehreren Gesichtspunkten behandelt?
- Besteht ein öffentliches Interesse an dem Thema?
- Welche Absicht verfolgt der Verfasser/die Verfasserin mit dem Text?
- Bestätigt der Text vorhandene Einstellungen, oder fördert er neue Erkenntnisse?

- Tritt der Verfasser/die Verfasserin für bestimmte Werte ein?
- Welches Verhalten soll der Text verstärken, welche Handlungsweisen auslösen?
- Wessen Interessen dient der Text?

☞ **Zur Beurteilung und Verwendung des Textes**
- Ist der Text in Wortwahl und Satzbau für die Adressaten verständlich?
- Ist der Text stilistisch akzeptabel, oder wirkt er z. B. wirr, gekünstelt, eintönig?
- Wird sauber definiert, oder begnügt sich der Verfasser/die Verfasserin mit Schlagwörtern?
- Weiß man am Ende, was der Verfasser/die Verfasserin will?
- Welche Fragen oder Unklarheiten sollte ich noch klären?
- Was interessiert mich an dem Text?
- Welche Informationen, Denkanstöße, Anregungen, Herausforderungen oder Erkenntnisse vermittelt der Text mir persönlich?
- Fördert der Text Selbstkritik, kann er Vorurteile aufweichen?
- Überzeugen die Argumente und die Beispiele des Verfassers/der Verfasserin?
- Wie stehe ich zu den Aussagen und zur Intention des Autors/der Autorin?
- Ziehe ich Folgerungen aus der Kenntnis des Textes?
- Bei welcher künftigen Gelegenheit kann mir der Text nützen?

2. Fachbegriffe als Handwerkszeug

Allgemeine Begriffe zur Sprach- und Textuntersuchung

Wort
Die kleinste selbständige Einheit der Sprache ist zweiseitig. Was man als lautliches Gebilde, als Lautkette hört, ist der Wortkörper. Der Wortkörper ist aber nicht leer, er dient dazu, einen Sinn, eine Bedeutung zu übermitteln; diese Bedeutung ist der Wortinhalt.

Denotat/Konnotat
Die Wortbedeutung, die sich in der Sprache als begrifflicher Inhalt herausgebildet hat und im Wörterbuch steht, ist das Denotat (von lat. denotare = bezeichnen).
Im konkreten Sprachgebrauch können Wörter neben dem rein begrifflichen Inhalt noch Nebenbedeutungen haben, z. B. emotionale Begleitvorstellungen wie bei den Wörtern „Mutter", „Mond" oder „Krebs". Diese Nebenbedeutungen nennt man Konnotat (von lat. connotare = mitbezeichnen).

Zur Satzordnung:

Parataxe
Nebenordnung von Sätzen im Text. Satzgefüge werden vermieden, Einfachsätze stehen nebeneinander wie z. B. hier: „Es regnet. Die Straße wird naß." (griech. das Nebeneinanderstellen)

Hypotaxe
Im Gegensatz zur Parataxe werden Satzgefüge verwendet, also Verknüpfungen von Hauptsätzen mit abhängigen, untergeordneten Nebensätzen. Beispiel: „Da es regnet, wird die Straße naß." (griech. Unterordnung)

Figur
Redeweisen, die um der Wirkung willen vom normalen Sprachgebrauch abweichen und in der Tradition der Rhetorik als feste Sprachmuster herausgebildet wurden. Je nach dem Anwendungsbereich spricht man von Stilfiguren oder von rhetorischen Figuren, was aber in der Sache keinen Unterschied ausmacht.

Umgangssprache
Umgangssprache ist im Vergleich zur Standardsprache weniger streng geregelt. Wortwahl, grammatische Formen und Aussprache werden lockerer gehandhabt. Mundartliche Elemente in der Umgangssprache verweisen auf Sprachregionen; so gibt es nicht nur eine, sondern viele Umgangssprachen. Vgl. die Erläuterung zu Standardsprache, Gruppensprache und Fachsprache in Kapitel B 5.

appellativ
Appellatives Sprechen und Schreiben wendet sich an die Adressaten, um etwas zu erreichen, um Wirkung zu erzielen, z. B. eine Handlung auszulösen. Man „appelliert" direkt oder indirekt an den Hörer/Leser.

deskriptiv
„Deskriptiv" ist der fachsprachliche Ausdruck für „beschreibend". Ein deskriptiver Text stellt etwas dar, ohne daß der Schreiber sich kommentierend, wertend oder emotional einbringt. Lehrbuchtexte, Protokolle und Nachrichten gehören z. B. zu den deskriptiven Texten. (lat. describere = beschreiben)

expressiv
Expressives Sprechen und Schreiben gibt Eindrücke, Gefühle oder Überzeugungen des Sprechers/Schreibers besonders ausdrucksstark wieder. (lat. expressus = ausgedrückt, ausdrücklich)

emotiv
„Emotiv" nennen die Fachleute einen Sprachgebrauch, der gefühlsbetont ist, der aus einer inneren Erregung erfolgt. (engl. emotion = Gemütsbewegung)

kohärent
Kohärent ist ein Text, wenn seine Teile inhaltlich – ohne Gedankensprünge oder Abschweifungen – zu einem Ganzen, zu einer in sich geschlossenen sprachlichen Einheit verknüpft sind. Der Text besitzt dann Kohärenz. (lat. cohaerere = zusammenhängen, verbunden sein)

Stilistisch-rhetorische Mittel

Indem wir Wörter und Sätze zum Schreiben von Texten verwenden, benutzen wir sie als
sprachliche Mittel.
Da auf diese Weise der Stil, die charakteristische Ausdrucksweise des Textes, geprägt wird, bekommen sprachliche Mittel die Funktion des
Stilmittels.
Viele Stilmittel finden seit Jahrhunderten in der öffentlichen Rede Verwendung als Wirkungsmittel, und sie sind Gegenstand der Rhetorik (der Lehre von der wirkungsvollen Gestaltung der Rede), deshalb nennt man sie
rhetorische Mittel.
Wegen dieser Doppelfunktion liegt es nahe, eine zusammenfassende Bezeichnung zu wählen:
stilistisch-rhetorische Mittel.
Die wichtigsten stilistisch-rhetorischen Mittel finden Sie zunächst in einem geordneten Überblick vorgestellt und dann einzeln in alphabetischer Ordnung erklärt. In einigen Fällen sind die Grenzen nicht scharf zu ziehen; z. B. kann die Alliteration auch der Wortfügung zugerechnet werden.

Stilistisch-rhetorische Mittel im Überblick

Satzbau und Satzordnung	Wortwahl und Wortfügung	Bildlichkeit	Klangmittel	Gedankliche Mittel
Chiasmus	Archaismus	Bild (sprachliches)	Alliteration	Anspielung
Ellipse	Euphemismus	Metapher	Anapher	Antithese
Hypotaxe	Fremdwort	Pars pro toto	Lautmalerei	Beispiel
Inversion	Hendiadyoin	Personifikation	Reim	Captatio benevolentiae
Parallelismus	Metonymie	Vergleich		Emphase
Parataxe	Modewort			Hyperbel
Parenthese	Oxymoron			Ironie
Trikolon	Pleonasmus			Klimax
	Synästhesie			Litotes
	Wortspiel			Rhetorische Frage
				Wiederholung

Alliteration

„Bei Wind und Wetter", „Titel, Thesen, Temperamente", „eine Menge gesiebten sauberen Sands…", „unbeugsames, unerbitterliches Schicksal…"

Die Wiederholung des Anlauts (seltener auch der Vorsilbe) bei mehreren Wörtern im Satz wirkt gefällig und einprägend. Alliteration trifft man besonders in Reden und in Zeitungsüberschriften. (lat. littera = „Buchstabe")

Anapher

„Mir kannst du es ruhig sagen, mir macht das nichts aus." „Die europäische Einigung dient dem Frieden und fördert Wohlstand. Die europäische Einigung steht für uns nicht in Frage."

Die Wiederholung eines oder mehrerer Wörter am Anfang benachbarter Sätze oder Satzteile weckt Aufmerksamkeit und wirkt nachdrücklich. (griech. ana+pherein = „zurück+tragen")

Anspielung

„Eine interfraktionelle Abmagerungsrunde am Wolfgangsee." „Der Verhandlungsführer stellte die Gretchenfrage." „Die paar Millionen: nur Peanuts."

Eine flüchtige Erwähnung, ein versteckter Hinweis auf einen anderen Zusammenhang, eine absichtsvolle Andeutung kann kritisch und geistreich wirken.

Antithese

„Gemeinnutz geht vor Eigennutz." „Alle reden vom Wetter. Wir nicht." „Jung und alt"; „Arbeit und Freizeit"; „Wunsch und Wirklichkeit"

Die Antithese ist eine Entgegensetzung: Man kann einer These eine Antithese entgegensetzen oder gegensätzliche Wörter oder Aussagen zusammenstellen. (griech. anti+thesis)

Archaismus

„Ränke schmieden", „Kraftkutsche", „Wams", „weiland", „fürbaß"

Ein heute veralteter Ausdruck wird gebraucht, um die Atmosphäre vergangener Zeiten zu vergegenwärtigen oder um eine Gegenwartserscheinung auf- oder abzuwerten. (griech. arachaios = „alt")

Beispiel

In einem Text über verschwenderisches Konsumverhalten: „Oft werden z. B. Möbel in den Sperrmüll gegeben, die noch vollkommen in Ordnung sind."

In einem Text über Computer: „Man kann z. B. einen Text leichter verändern als mit der Schreibmaschine."

Eine Sachlage oder ein Vorgang wird mit Hilfe konkreter Einzelfälle verdeutlicht.

Bild
„Das Kraftwerk ist eine Dreckschleuder." „Viele Flüsse haben eine Trichtermündung." „Weiße Marmortreppen winden sich in kühnen Schwüngen unter prächtigen Kreuzgewölben."

Eine anschauliche Vorstellung wird sprachlich vergegenwärtigt. Das sprachliche Bild fordert die Vorstellungskraft des Lesers heraus; es wirkt durch seine Unmittelbarkeit einprägsam. Indem das sprachliche Bild die Sache direkt zur Anschauung bringt, unterscheidet es sich vom Vergleich, der stets durch die Konjunktion „wie" auf ein Vergleichsobjekt Bezug nimmt.

Captatio benevolentiae
„Ich will mich kurz fassen." „Ich behaupte nicht, im Besitz eines Patentrezeptes zu sein." „Ich bin stolz darauf, heute in Ihrer Stadt zu sein."

Dieser lateinische Ausdruck bedeutet wörtlich „das Haschen nach Wohlwollen". Der Redner oder Schreiber wirbt mit bestimmten Redewendungen um die Gunst des Publikums, er will Sympathie wecken.

Chiasmus
„Der Einsatz war groß, klein war der Gewinn." „Die Kunst ist lang, und kurz ist unser Leben."

Die gekreuzte oder spiegelbildliche Stellung einander entsprechender Satzglieder wirkt auffällig. Die Bezeichnung verweist auf die Gestalt des griechischen Buchstabens Chi.

Der Einsatz	war	groß,
klein	war	der Gewinn.

Ellipse
„Und was nun?" „Keine Zeit!" „Danke!" „Voll, bleifrei."

In einem Satz werden Satzglieder oder Wörter ausgelassen – eine Einsparung von Sprech- oder Schreibaufwand, mit der auch eine besondere Wirkung erzielt werden kann. (griech. élleipsis = „Mangel")

Emphase
„Ich versichere ausdrücklich ..." „Ich bin durchaus der Meinung ..." „Ich betone ..."

Ein Wort oder Gedanke wird ausdrücklich hervorgehoben, so wird die Äußerung „emphatisch". (griech. émphasis = „Verdeutlichung")

Euphemismus
„einschlafen" für „sterben", „Null-Wachstum" für „Stillstand", „Endlösung" für den Massenmord an den Juden im sogenannten Dritten Reich

Etwas Schlechtes, Unangenehmes wird beschönigt, positiv verhüllt. (griech. eu+pheme = „gut + Rede")

Fremdwort

Fremdwörter als Wirkungsmittel: „TV" statt „Fernsehen", „Shop" statt „Laden", „Leader" statt „Leiter", „Fauxpas" statt „Taktlosigkeit", „ergo" statt „folglich", „in spe" statt „zukünftig".

Aus fremden Sprachen entlehnte Wörter sind nötig, wenn kein gleichbedeutendes Wort zur Verfügung steht, vor allem in den Fachsprachen. Rhetorisch können sie verwendet werden, um eine Sache aufzuwerten oder um Bildung vorzuspiegeln. In diesen Fällen soll das Prestige erhöht werden.

Hendiadyoin

„Etwas mit Zähnen und Klauen verteidigen", „an Ort und Stelle sein", „dem Zufall Tür und Tor öffnen", „Besitz an Grund und Boden", „an Leib und Leben", „durch Bitten und Flehen", „ihm wurde angst und bange", „unter Dach und Fach".

Durch die Verbindung von zwei fast gleichbedeutenden Ausdrücken wird die Ausdruckskraft verstärkt. Die aus dem Griechischen stammende Bezeichnung bedeutet „eins durch zwei".

Hyperbel

„Wie Sand am Meer", „Millionen Sonnen glühten", „im Schneckentempo vorankommen", „blitzschnell", „ich habe dir schon tausendmal gesagt..."

Der Ausdruck wird in überspitzter Weise verstärkt. Solche Übertreibungen sind meist bildhaft. (griech. hyper+ballein = „über+werfen")

Inversion

„Schon morgen reise ich ab." „Schwer war die Aufgabe nicht." „Spät kam er, doch er kam." „Grün ist die Heide..."

Durch Umkehrung der üblichen Wortstellung wird ein Begriff hervorgehoben. (lat. inversio = „Umkehrung")

Ironie

„Du bist ja wieder sehr pünktlich." „Der Minister hat einmal wieder eine Meisterleistung vollbracht."

In der Ironie steckt feiner, verdeckter Spott. Man sagt in kritischer Absicht das Gegenteil von dem, was man meint; unter dem Schein der Billigung macht man etwas lächerlich. (griech. eironei = „Ironie, Spott")

Klimax

„Verachtet, verhöhnt, verboten." „Bekannte und Freunde..."

Die Klimax (vom griechischen „Treppe") ist eine Aufzählung in aufsteigender Linie; man steigert die Aussage vom schwächeren zum stärkeren Ausdruck oder vom weniger Wichtigen zum Wichtigeren.

Lautmalerei
donnern, klirren, rasseln, rascheln, stampfen, trommeln, knattern, piepen
Wenn man Schallwörter benutzt, ist die Wortbedeutung hörbar.

Litotes
„Das hat er nicht ohne Grund getan." Es ist nicht unwahrscheinlich." „Sie ist nicht die schlechteste Lehrerin."
Das Gegenteil des Gemeinten wird verneint; so entsteht eine vorsichtige, abgeschwächte Behauptung. Damit kann man auch etwas hervorheben. Die griechisch-lateinische Bezeichnung bedeutet „Zurückhaltung"; heute sagen wir auch „Understatement".

Metapher
„Das Loch in der Rentenkasse." „Der Stadtrat stellte die Weichen für das Bauvorhaben." „Kohle-Politik in der Sackgasse." „Druck auf Bonn wächst." „Ihm war die Rolle auf den Leib geschrieben." „Kapitalflucht"
Man fügt Wörter zusammen, die eigentlich nicht zusammengehören; man überträgt ein Wort in einen fremden Bedeutungszusammenhang. So kann man neue Erfahrungen ausdrücken, bestimmte Wirkungen erzielen oder Aussagen verkürzen. Die griechische Bezeichnung bedeutet „Übertragung". Viele Metaphern sind so verblaßt, daß wir sie gar nicht mehr bemerken, z. B. „man überträgt ein Wort" oder „Metaphern sind verblaßt".

Metonymie
„Sie nahm den Schleier." „Ein Herz für Kinder" statt „Gefühle für Kinder". Der eigentliche Ausdruck wird durch die Bezeichnung eines Gegenstandes ersetzt, der zu dem Gemeinten in sachlicher Beziehung steht. (griech. metonymia = „Namensvertauschung")

Modewort
Etwas ist „in", jemand wird „geoutet", etwas „ist angesagt", man befindet sich „vor Ort", es gibt „Handlungsbedarf", eine Maßnahme „greift".
Bestimmte Wörter werden plötzlich ungewöhnlich oft verwendet, weil die entsprechende Sache oder Vorstellung momentan große Bedeutung besitzt oder weil sie in Mode sind. Sie können in der Absicht gebraucht werden, den Sprecher/Schreiber als modern denkend, als „up to date" auszuweisen. Modewörter hat es in allen Epochen gegeben. Manche gehen in den allgemeinen Sprachgebrauch ein, andere nicht.

Oxymoron
„bittersüß", „schrecklich schön", „die armen Reichen"
Bei dieser Sonderform der Antithese werden Gegensätze paradoxerweise zusammengefügt, die sich eigentlich ausschließen. So kann ein hintergründiger Sinn, der begrifflich schwer faßbar ist, zum Ausdruck gebracht werden. (griech. oxys + moros = „scharf + dumm")

Parallelismus
„Alle wollten weg. Viele versuchten es. Einer schaffte es."
Benachbarte Sätze oder Satzglieder sind gleichartig – parallel – gebaut.

Parenthese
„In jener Nacht – es hatte pausenlos geschneit – geschah der folgenschwere Unfall." „Unser Energiebedarf – so sieht es heute aus – wird nur geringfügig steigen."
Ein selbständiger Gedanke, oft ein ganzer Satz, wird in einen anderen Satz eingebettet. Die Abgrenzung erfolgt durch Gedankenstriche. Das griech.-lat. Wort bedeutet etwa „Neben-Einfügung".

Pars pro toto
„das Pro-Kopf-Einkommen", „sie hatten kein Dach über dem Kopf", „unser täglich Brot"
Hier steht „der Teil für das Ganze", d. h., man nennt nicht die ganze Sache, sondern nur einen wichtigen Teil von ihr, oft mit bildhafter Wirkung. Man kann dieses sprachliche Mittel als eine Form der Metonymie ansehen.

Personifikation
„Die Sonne lacht." „Das Wetter machte einen Strich durch die Rechnung." „Das häßliche Gesicht des Kapitalismus."
Abstrakte oder unbelebte Erscheinungen werden mit Eigenschaften, Gefühlen, Absichten und Handlungsweisen lebender Wesen ausgestattet. Eine noch ungewohnte Personifikation wirkt sehr lebendig; nach langem Gebrauch verblaßt die Wirkung.

Pleonasmus
„ein weißer Schimmel", „mit eigenen Augen gesehen", „kohlrabenschwarz", „die breite Masse"
Eine Sache wird doppelt ausgedrückt, indem zu einem Begriff ein Merkmal angeführt wird, das schon in dem Begriff enthalten ist. Das aus dem Griechischen kommende Wort bedeutet „Überfluß".

Reim
„unter Dach und Fach", „wer schreibt, der bleibt", „Klasse statt Masse", „weit und breit"
Diesen Gleichklang zweier oder mehrerer Wörter vom letzten betonten Vokal an erwartet man in Gedichten; aber auch in Sachtexten wird dieses Mittel zur Einprägung benutzt.

Rhetorische Frage
„Hat denn noch einer Vertrauen in Ihre Politik?" „Ist die Bevölkerungszunahme nicht schon katastrophal genug?"
Man stellt eine Frage, die die Antwort in sich trägt, so daß niemand antworten muß – eine Scheinfrage. So kann eine Behauptung verstärkt werden.

Symbol
„Sie hat das Kreuz auf sich genommen." „Er ist immer noch auf der Suche nach der blauen Blume."

Die sprachliche Darstellung eines Gegenstandes oder Vorgangs kann unausgesprochen eine Idee, einen Sinn oder Gedanken durchscheinen lassen. (griech. sýmbolon = „Erkennungszeichen")

Synästhesie
„beißendes Licht", „ein warmer Ton", „Glanz der Stimmen", „klirrende Kälte"

Hier werden Eindrücke verschiedener Sinne (z. B. hören und fühlen, hören und sehen) vermischt. In dem griechischen Wort steckt die Bedeutung „gleichzeitig + wahrnehmen".

Trikolon
„Marmor, Stein und Eisen bricht …" „Freiheit, Gleichheit, Brüderlichkeit." „Ich kam, sah und siegte." (Cäsar)

Es ist einprägsam, wenn ein Satzglied dreimal hintereinander folgt. Diese Dreigliedrigkeit ist uralt. Die Zahl Drei galt als heilig, und „aller guten Dinge sind drei". Oft ist das Trikolon mit einer Klimax verbunden.

Vergleich
„Sie arbeiten wie die Ameisen." „Er regiert das Land wie ein Vater." „Der alte VW sieht aus wie ein Käfer."

Man rückt zwei Dinge zusammen, um Merkmale des einen auf das andere zu übertragen und damit eine Aussage zu verdeutlichen. Vergleiche knüpfen also an Bekanntes an, um einen Sachverhalt zu veranschaulichen, zu charakterisieren oder zu betonen. Die vergleichende Konjunktion „wie" gehört immer dazu.

Wiederholung
„Für nichts und wieder nichts …" „Er läuft und läuft und läuft …" „… war über und über mit Blüten bedeckt."

Die Häufung gleicher sprachlicher Mittel dient – auch in Alltagsgesprächen – der Verstärkung, Bekräftigung und Einprägung.

Wortspiel
„Was die in der Schule machen, sollte Schule machen." „Der Bundestag braucht eine Diät, aber nicht höhere Diäten." „Bei der Vermögensanlage gegensteuern." „Reisen statt rasen."

Man gebraucht ein doppeldeutiges Wort oder bezieht zwei ähnlich lautende Wörter mit verschiedener Bedeutung aufeinander, um einen witzigen Effekt zu erreichen.

Test

Überschriften von Zeitungen und Zeitschriften sowie Anzeigen enthalten oft rhetorische Mittel, die bei den Lesern Aufmerksamkeit erregen sollen. An den folgenden Beispielen können Sie Ihre Kenntnisse testen.
Schreiben Sie auf die jeweilige freie Linie die entsprechende Bezeichnung. Überlegen Sie auch, ob bei einigen Beispielen gleichzeitig mehrere sprachliche Mittel eingesetzt wurden.

Mit warmen Worten und eiskalten Tricks
→ 1. Metapher, Synästhesie

Das Lexikon der 90er Jahre:
Alles neu.
Alles aktuell.
Alles drin.
Und das alles für 98 Mark.

Wenn die Wände wackeln
→ 2. _____

→ 3. _____

Computer können einiges erleichtern.
Auch Ihr Firmenkonto.
→ 4. _____

Buchen müssen wir bald suchen
→ 5. _____

Boris badet im Beifall
→ 6. _____

Die Tat von Aida: Titel, Tränen und Triumphe

Ohne Zeitung kämen viele Dinge nicht richtig zum Tragen
→ 7. _____
→ 8. _____

KÖNNER BRAUCHEN GÖNNER
→ 9. _____

Nicht immer sind sie fix und fertig
→ 10. _____

3. Die wichtigsten Textsorten

Abhandlung
Streng sachbezogene, systematisch aufgebaute, fachliche Darstellung von Themen, Problemen oder Untersuchungsergebnissen; neben der Beschreibung und Erklärung von Sachverhalten kann die Abhandlung auch argumentierende Teile enthalten, wenn etwas abzuwägen ist. In der Schule begegnen Ihnen Abhandlungen in den Lehrbüchern.

Aufruf
Aufrufe, die das Publikum direkt ansprechen, kommen in der öffentlichen Kommunikation als Flugblätter, Poster oder als Zeitungstexte vor. Die Leser sollen zu bestimmten Handlungen bewogen werden, z. B. zu einer Demonstration, zu einer Spendenaktion oder einer Wahlentscheidung. Im Text werden Aufforderungen mit Begründungen und Beschreibungen kombiniert. Der Satzbau ist übersichtlich oder gar plakativ. Neben dem Präsens werden auch andere Tempora verwendet.

Begriffserklärung
Die Begriffserklärung dient dazu, den Inhalt eines Wortes, vor allem bei abstrakten Begriffen, abzuwägen. Der Begriff wird in Begriffsfelder eingeordnet und von Gegenbegriffen, Synonymen, Ober- und Unterbegriffen abgegrenzt. Der Wortsinn wird durch Verwendungsbeispiele veranschaulicht, ggf. wird auch der Bedeutungswandel verfolgt.
Begriffserklärungen finden sich in Lexika, Wörterbüchern und bestimmten Fachbüchern.

Bericht
Der Bericht als Wiedergabe von Ereignissen oder Handlungen tritt in vielen Varianten auf: Zeitungsbericht, Tätigkeitsbericht, Unfallbericht, Geschäftsbericht, Reisebericht usw. Auch Protokoll und Lebenslauf gehören zu den berichtenden Texten. Das Nacheinander der Begebenheiten wird sachlich, ohne emotionale Ausdrücke dargestellt. Berichtet wird im Präteritum.
Ein äußerst verkürzter Zeitungsbericht ist die Meldung. (Vergleiche auch unten „Nachricht".)

Beschreibung
Beschreibungen sind sachbezogen; sie bilden eine Sache (Gegenstand, Vorgang, Bild, Person) objektiv und detailliert sprachlich ab, um dem Leser eine richtige und klare Vorstellung über das Beschriebene zu vermitteln. Das Ganze und seine Einzelheiten müssen verständlich und in zweckmäßiger Anordnung dargestellt werden. Auf persönliche Anteilnahme ist zu verzichten. Normaltempus ist das Präsens. – Siehe auch Gegenstands- und Vorgangsbeschreibung sowie Inhaltsangabe.

Gegenstandsbeschreibung

Detaillierte Beschreibungen sind bei Fundsachen, Verlustanzeigen, Patenten, Produkten u. ä. wichtig. Form, Größe, Material und Farbe müssen erfaßt werden. In der Geographie kommen Landschaftsbeschreibungen vor, in der Literatur Beschreibungen von „Lebensräumen" wie Häusern, Zimmern, Zugabteilen, Gärten usw., aber auch von bedeutungsvollen Objekten. Auch Institutionen, Systeme, Wirtschaftsstrukturen u. ä. können beschrieben werden.

Vorgangsbeschreibung

Vorgangsbeschreibungen werden von Naturerscheinungen, Krankheitsverläufen, vor allem aber von technischen Abläufen verfaßt, hier oft in Verbindung mit Gegenstandsbeschreibungen von Geräten und Maschinen. Die Reihenfolge der Einzelheiten bestimmt der Vorgang. Es werden viele Fachausdrücke verwendet. Tempus ist das Präsens.

Brief

Die am meisten verbreitete Textsorte ist der Brief. Nach Inhalt, Absicht und Form gibt es unzählige Variationen. Unentbehrliche Bestandteile sind das Datum (meist mit Ortsangabe), die Anrede, der Brieftext und der Briefschluß mit Unterschrift. Zwar gibt es keine Norm für den Text, doch sollte eine sachlogische Reihenfolge eingehalten werden. Am Anfang wird meistens der Schreibanlaß erwähnt; der Schluß ist meistens formelhaft (Wunsch, Gruß). Im Stil unterscheiden sich private von geschäftlichen und behördlichen Briefen.

Charakteristik

Zur Charakterisierung eines Menschen wird die äußere Erscheinung ebenso erfaßt wie die charakterliche Eigenart. Berücksichtigt werden Verhaltensweisen, das Reden der Person und Aussagen Dritter über die Person. Als selbständige Textform dient die Charakteristik dazu, einen Politiker, Wissenschaftler, Schriftsteller, Sportler o. ä. den entsprechend Interessierten nahezubringen. Sie kommt auch als Bestandteil von Romanen, Erzählungen, Dramen und Balladen vor. Die Grenze zwischen objektiver Beschreibung und subjektiver Wertung ist nicht klar zu ziehen. Als Tempus herrscht das Präsens vor.

Erläuterung

Die Erläuterung ist eine Erweiterung der Beschreibung. Ein Gegenstand oder Vorgang wird nicht nur in seiner Erscheinung beschrieben, sondern auch in den Ursachen und Zusammenhängen erklärt. Vorherrschende Stilzüge sind kausale, finale, adversative und relative Nebensätze, ein abstrakter Wortschatz und als Tempus das Präsens in Verbindung mit dem Perfekt. Beschreibende und erklärende Textpartien werden oft kombiniert, so auch in Textanalysen.

Erörterung
Gedankliche Auseinandersetzung mit Problemen und Streitfragen; Darlegung des Für und Wider, um den Leser durch Argumente zu überzeugen. Die Darstellung ist möglichst objektiv, klar gegliedert, mit einer Ordnung der Argumente nach ihrem Gewicht und unter Einbeziehung von Erfahrungsbeispielen. Ein abschließendes Urteil wird angestrebt, wegen der Fülle der möglichen Standpunkte aber nicht immer erreicht.

Essay
Eine subjektiv geprägte Stellungnahme zu Fragen von öffentlichem Interesse – z. B. zu Literatur, Politik, Umwelt, Kunst, Kultur – in stilistisch anspruchsvoller, ästhetisch ansprechender, oft pointierter Form. Der Essayist will aufklären, er beleuchtet, prüft und urteilt, wendet sich gegen Klischees und erstarrte Vorstellungen.

Gebrauchsanweisung
Gebrauchsanweisungen sind in einer Zeit zunehmender Technisierung unentbehrlich. Im Text ist die Reihenfolge der einzelnen Schritte bei der Montage, der Ingangsetzung und Benutzung des Gerätes streng geordnet und oft numeriert. Kennzeichen sind ferner kurze Aufforderungssätze (auch in Infinitivform: „die grüne Taste drücken") und ein fachsprachlicher Wortschatz, im günstigen Fall mit Erklärungen. Auch Kochrezepte sind Gebrauchsanweisungen.

Glosse
Kurzer Kommentar in Zeitungen mit kritischer, oft spöttischer Stellungnahme zu aktuellen Ereignissen; polemischer und knapper als der eigentliche Kommentar.

Inhaltsangabe
Die Inhaltsangabe ist insofern ein beschreibender Text, als die Information eines anderen Textes der Beschreibungsgegenstand ist. Die Reihenfolge der Wiedergabe wird vom Originaltext bestimmt. Einzelheiten werden übergangen, Wichtiges wird zusammengefaßt. So ist die Inhaltsangabe eine mehr oder weniger starke Abstraktion gegenüber der Vorlage. Wie bei allen beschreibenden Textsorten gilt hier das Präsens. (Siehe auch die Angaben auf Seite 21.)

Kommentar
Kritische Stellungnahme in der Presse, in Rundfunk und Fernsehen zu aktuellen Ereignissen; dabei werden Darstellung, Erläuterung und Meinungsäußerung miteinander verknüpft.
(Aber auch die Erläuterung eines Textes wird als Kommentar bezeichnet, so gibt es z. B. Kommentare zum Urheberrechtsgesetz wie auch zu Goethes „Faust".)

Nachricht
Nachrichten als Zeitungstexte informieren in längerer oder kürzerer (Meldung) Form über aktuelle Ereignisse. Im Unterschied zum Bericht, der innere und äußere Zusammenhänge einbezieht, beschränkt sich die Nachricht auf die wesentlichen Fakten. Schreibnormen sind Sachlichkeit, Objektivität und Zuverlässigkeit.

Protokoll
Inhalt und Verlauf von Versammlungen, Konferenzen, Verhandlungen, Vernehmungen, Unterrichtsstunden u. ä. werden in Protokollen festgehalten. Protokolle sind Dokumente. Man kann sich auf sie berufen, wenn nachträglich Meinungsverschiedenheiten auftreten, und man kann sich vergewissern, wenn man sich an Ergebnisse und Beschlüsse nicht mehr genau erinnert.
In gesellschaftlichen Institutionen haben Protokolle große Bedeutung; die im Protokoll festgehaltenen Beschlüsse stellen die rechtliche Grundlage für bestimmte Handlungen und Maßnahmen dar.
Zu unterscheiden sind a) das Redeprotokoll, das alle Äußerungen wörtlich festhält, b) das Verlaufsprotokoll, das die einzelnen behandelten Punkte, die wichtigsten Beiträge der Teilnehmer und die Ergebnisse wiedergibt, c) das Ergebnisprotokoll, das nur das Thema, die behandelten Punkte und die Ergebnisse (Einsichten, Standpunkte, Beschlüsse) enthält. Als Tempus kann das Präsens oder das Präteritum gewählt werden. Oft wird der Kopf des Protokolls nach einem Muster ausgeführt (Datum, Gremium, Beginn – Ende, Ort, Leitung, Teilnehmer, Tagesordnung).

Rede
Auch die Rede gehört zu den Sachtexten. Wer eine Rede hält, wendet sich an Zuhörer, bei denen er eine bestimmte Wirkung erzielen will. Er benutzt rhetorische Mittel, um sein Ziel besser zu erreichen. Die Rede ist an einen Anlaß gebunden und findet an einem bestimmten Ort statt: Feier in der Schulaula, Debatte im Bundestag, Gedenkveranstaltung, Wahlversammlung, wissenschaftlicher Kongreß usw. Hat die Rede den Charakter eines Vortrags oder Referats, steht die Darstellungsfunktion im Vordergrund; in den anderen Redeformen überwiegt die Appellfunktion.

Referat
In der Regel trägt der Referent das Referat mündlich vor. In schriftlich ausgearbeiteter Form ist das Referat eine Abhandlung (siehe dort). Die Gliederung soll gut erkennbar sein, und die benutzte Literatur wird entsprechend den bibliographischen Regeln ausgewiesen.

Reportage
Die journalistische Gebrauchsform der Reportage als persönliche Schilderung gleichzeitig ablaufenden Geschehens hat vor allem im Rundfunk Bedeutung, nicht nur beim Thema Sport, außerdem in Zeitschriften. Objektive Darstellung vermischt sich mit subjektiven Ausdrücken, damit Unmittelbarkeit entsteht und Miterleben möglich wird. Charakteristische sprachliche Mittel sind das Präsens, Adverbien und Pronomen als „Zeigewörter", kollektive Personalpronomen („wir", „unser") und kurze oder elliptische Sätze.

Rezension
Kritische Besprechung einer künstlerischen oder wissenschaftlichen Arbeit besonders in einer Zeitung oder Zeitschrift. Hauptsächlich werden Buchbesprechungen und Theaterkritiken als Rezensionen bezeichnet. Der Rezensent informiert und beurteilt zugleich.

Schilderung
In der Schilderung wird ein Geschehen oder eine Sache subjektiv, einfühlsam und anschaulich so dargestellt, daß der Leser den Eindruck des Schreibers gut nachvollziehen kann. Landschaften, Situationen, Gegenstände, Ereignisse, Erlebnisse, Bilder u. ä. können geschildert werden. Die persönliche Sicht, das Erlebnishafte und die Wirkung des Wahrgenommenen auf den Schreiber werden betont. Kürzere Sätze, Parataxe, ein möglichst konkreter Wortschatz, ausdrucksstarke Verben und wörtliche Rede sind die prägenden sprachlichen Mittel. Das Präteritum ist das Normaltempus; zur Belebung wird auch das historische Präsens eingesetzt.

Story
Die Story ist ein in Zeitungen und Zeitschriften vorkommender Sachtext – nicht zu verwechseln mit der fiktionalen Shortstory. In einer Story sind Nachrichten und Meinungen über einen Sachverhalt oder ein Ereignis in eine Geschichte umgesetzt, in der Information und Meinungsäußerung nicht deutlich getrennt sind. Eine Hauptperson steht im Mittelpunkt (ein „Held", ein Täter, ein Opfer); so werden Probleme und Ereignisse personalisiert, werden Fakten zu der Person angehäuft, die u. U. gar nicht wichtig sind. Die Story spricht durch Lebendigkeit, Anschaulichkeit, Umgangssprache, Wortspiele, Anspielungen und Ironie besonders solche Leser an, die für sprachliche Feinheiten aufgeschlossen sind.

Untersuchung
Die Darstellung der Ergebnisse einer Untersuchung wird gelegentlich selbst als Untersuchung bezeichnet. Diese Textsorte vereinigt Beschreibung und Erklärung, oft in Verbindung mit Begriffserklärung und Erörterung. Sie kommt in Aufsatz- oder Buchform im wissenschaftlichen Bereich vor. In der Regel wird diese Textsorte aber als Abhandlung bezeichnet. (Vergleiche auch Seite 89.)

Test

 Schlagen Sie die angegebenen Seiten auf, und entscheiden Sie, um welche Textsorte es sich bei dem betreffenden Übungstext handelt.

Seite 15 (Roman) _____

Seite 19 (Wortinhalte) _____

Seite 29 (Einzelarbeit oder Gruppenarbeit)_____

Seite 31 (Pußta)   A _____

                             B _____

Seite 33 (Fit) _____

Seite 34 (Irgendwann) _____

Seite 36 (Preussag) _____

Seite 37 (Stereo) _____

         (Zinken) _____

         (Innere Differenzierung) _____

Stichwort-Register

Abwertung 40
ästhetische Texte 47
Analysebegriff 13 f.
Anzeige 41, 44, 56
Appell, appellative Texte 42, 48, 80
Arbeitsschritte 17, 64
Argumentation 27, 42
Aufgabenstellung 21, 60 f.
Aufwertung 40
Ausdruck 48
Bausteine eines Textes 26
Belletristik 47 f.
Beschwichtigung 40
Darstellung 48, 80
Einleitung 21, 61, 62
EPA (Einheitliche Prüfungs-
  anforderungen) 69 f.
expositorische Texte 47
Fachausdrücke, Fachwörter 38, 63, 79 ff.
Fachsprache 36 ff.
fiktionale Texte 47
Funktionen der Sprache 48 f.
Gattung 48
Gliederung 21, 61 f.
Graffiti 7
graphische Darstellung 30
Gruppensprache 34 f.
Ideologie 55
Inhaltsangabe 20 f., 28, 91
Intention 39 ff., 49 f., 54, 61 f.
Kohärenz 9, 80
Kommunikationssituation 49, 77
Leser, Leserin 50, 77
Markierungstechniken 17 f.
nichtfiktionale Texte 47
pragmatische Texte 47
Prüfungsordnung (EPA) 69 f.
Rede 39 f., 61 f., 73 ff., 92
Rezension 23, 51, 93

rhetorische Figuren 40, 79, 80 ff.
rhetorische Redeweise 40
Roman 15 f.
Satzbau 32, 43, 77, 81
Schreibhaltung 63
Schriftsprache 34
Slogan 42
sprachliche Mittel 31 f., 43, 80 ff.
Sprachstil 32, 76 f., 80
Standardsprache 34 f., 63
Struktur 11, 24, 76 f.
Tempus 64, 89 ff.
Terminus 38, 63
Textbausteine 26
Textbegriff 9
Textfunktion 11, 44 ff., 77
Textgattung 48
Textmerkmale 11, 46
Textsorten 48 ff., 89 ff.
Textstruktur 24 ff.
Texttypen 48 ff.
Textverwendung 78
Text und Wirklichkeit 50
Tips für den Arbeitsablauf 64
Umgangssprache 79
Vermittlersprache 39
Vermittlung, sprachliche 38
Verständigung 34 f., 38
Werbung 35, 41 f.
Wetterbericht 13
Wirkung von Texten 50, 54 f.
Wortwahl/Wortschatz 32, 38 f., 43, 81
Zeitvorgabe 65

Der leichte Weg zu besseren Noten

Die **„Besser in..."-Lernhilfen** von Cornelsen Scriptor enthalten sorgfältig aufgebaute Übungsprogramme für die Fächer Mathematik, Deutsch, Englisch und Französisch. Geübt wird, was in Klausuren und den Abiturprüfungen verlangt wird.

Unser Programm für die Oberstufe:

Fach/Titel	Schuljahr	Bestell-Nummer ISBN 3-589-
Mathematik:		
Potenzen u. Potenzfunktionen	ab 10.	209461
Analytische Geometrie	ab 11.	210710
Differentialrechnung	ab 11.	210702
Deutsch:		
Texte verfassen	ab 11.	209259
Sachtexte analysieren	ab 11.	209569
Englisch:		
Weniger Fehler in Klausuren	ab 11.	210800
Einführung in die Textarbeit	ab 11.	209046
Abiturtrainer: Grammatik	ab 12.	209119
Abiturtrainer: Textarbeit	ab 12.	209321
Französisch:		
Grammatik	ab 11.	209747
Klausurtrainer: Textarbeit	ab 11.	209755
Weniger Fehler in Klausuren	ab 11.	209488
Für alle Fächer:		
Sachtexte verstehen und verfassen	ab 11.	210850

Cornelsen Verlag Scriptor

Fragen Sie bitte in Ihrer Buchhandlung!